CHEMIN DE FER DE PARIS A ORLÉANS

EXPLOITATION

COURS PRATIQUE ÉLÉMENTAIRE D'EXPLOITATION DES CHEMINS DE FER

LIVRE V

NOTIONS GÉNÉRALES

DE COMPTABILITÉ

CAHORS

IMPRIMERIE TYPOGRAPHIQUE COUESLANT

(Personnel intéressé)

1927

CHEMIN DE FER DE PARIS A ORLÉANS

EXPLOITATION

COURS PRATIQUE ÉLÉMENTAIRE D'EXPLOITATION DES CHEMINS DE FER

LIVRE V

NOTIONS GÉNÉRALES
DE COMPTABILITÉ

CAHORS
IMPRIMERIE TYPOGRAPHIQUE COUESLANT
(Personnel intéressé)
—
1927

PRÉAMBULE

La comptabilité est la science qui a pour objet l'établissement méthodique et le fonctionnement régulier des comptes.

Appliquée aux actes d'un simple particulier, comme aux opérations des sociétés industrielles, commerciales, financières ou agricoles, elle embrasse tous les faits de recettes et de dépenses et permet de constater et contrôler ce que l'on possède, de connaître ce que l'on doit et ce qui vous est dû.

Les opérations comptables s'enregistrent suivant deux procédés différents : en partie simple ou en partie double.

Dans la première méthode, chaque opération n'est enregistrée qu'une fois, soit en recettes, soit en dépenses. Dans la seconde méthode, chaque opération donne lieu à 2 écritures : l'une qui a pour objet la situation du compte qui donne et l'autre celle du compte qui reçoit.

Quand, par exemple, un négociant achète pour 1.000 fr. de marchandises, il peut inscrire simplement sur son livre de caisse une sortie d'espèces de 1.000 fr. C'est la partie simple.

Mais cette sortie d'espèces a pour contre-partie une entrée de marchandises d'une valeur égale ; la caisse peut être considérée comme ayant prêté 1.000 fr. au magasin, qui les lui rendra quand les marchandises auront été vendues à un acheteur. On peut donc décrire l'opération en inscrivant une sortie d'espèces de 1.000 fr. au compte « caisse » et une entrée de marchandises de 1.000 fr. au compte « magasin ». C'est la partie double.

La comptabilité des gares est une comptabilité en partie simple ; celle de l'Administration centrale est une comptabilité en partie double.

Dans les gares, chaque opération est enregistrée une seule fois soit en recettes, soit en dépenses, au débit ou au crédit. A cet égard, on aurait pu concevoir une comptabilité très simple, dans laquelle on se serait borné à la tenue d'un seul livre ; le livre de caisse sur lequel les opérations de recettes et de dépenses auraient été enregistrées dans leur ordre chronologique. Mais, tant pour les besoins du contrôle que pour obtenir rapidement les renseignements statistiques indispensables, il a été nécessaire d'affecter à chacun des comptes des recettes et des dépenses des registres spéciaux dont la tenue particulière est réglementée par les instructions comptables. Puis, afin de réunir dans un même document tous les comptes de la gare et de présenter synoptiquement la situation d'ensemble, il a été créé un registre appelé « situation générale » qui résume chacun d'eux en un seul chiffre par journée et permet d'obtenir le solde global journalier de toutes les opérations de la gare.

Chaque gare a donc une personnalité comptable, et si les agents qui tiennent les livres auxiliaires sont personnellement responsables de leur gestion, le chef de gare, en tant que chef, est responsable de la régularité des écritures comptables de la gare.

Il rend compte tous les mois de ses opérations au moyen d'un état récapitulatif, « le bordereau de liquidation », qui résume la situation de la gare vis-à-vis de la Compagnie et qui, avec toutes ses pièces annexes forme la base du contrôle.

La Conférence qui va suivre a pour but de donner un aperçu de l'organisation générale et de la comptabilité des recettes de l'Exploitation, d'indiquer les principales opérations auxquelles donnent lieu dans les gares les transports de toute nature et de résumer les règlements sur la tenue des livres et l'établissement des états comptables.

Le Chef des Services
de comptabilité de l'Exploitation,

Le Mière.

CONFÉRENCE

DE

M. NASTORG, *Inspecteur Divisionnaire*
(Services de Comptabilité)

La plupart des agents de Chemin de fer du Service de l'Exploitation sont appelés à faire de la Comptabilité dans les gares, soit pour tenir une caisse, soit pour l'établissement des écritures comptables ou la tenue des livres, et cette conférence a pour but de leur donner des notions sommaires sur cette Comptabilité.

Toute nature de transport donne lieu à l'établissement d'un document et à l'encaissement d'une recette et doit être enregistrée sur des livres qui constituent le point de départ de la Comptabilité.

Tous les livres que vous trouverez dans les gares, et dont je vous entretiendrai par la suite, doivent être tenus avec le plus grand soin, sans omettre aucun des renseignements que comportent les imprimés, parce qu'ils ont une grande importance, non seulement au point de vue comptable, mais aussi parce que tous les services de la Compagnie viennent y puiser des renseignements et que quelquefois, en cas de litige avec des tiers, ils peuvent servir à faire la preuve en justice.

TRAFICS. Toutes les gares des grands réseaux français (Alsace et Lorraine, Est, Etat, Midi, Nord, Orléans, P.-L.-M., Grande et Petite Ceintures) trafiquent entre elles, et en comptabilité on fait une distinction entre les opérations concernant le trafic intérieur et celles concernant le trafic direct.

Trafic intérieur. Une expédition est dite en trafic intérieur quand le transport a lieu entre deux gares de la Compagnie d'Orléans sans emprunter les rails d'une Compagnie étrangère, à l'exception toutefois du tronçon de Grande Ceinture (Juvisy à Massy-Palaiseau), qui, pour les relations du Réseau Principal avec la ligne de Paris-Denfert à Sceaux et à Limours, n'est pas considéré comme ligne d'une Compagnie étrangère. Exemple : Une expédition faite de Paris à Limoges ou de Etampes à Orsay via Juvisy et Massy-Palaiseau.

Trafic direct. Une expédition est dite en trafic direct lorsque le transport a lieu entre deux gares de Compagnies différentes ou de deux gares de la Compagnie d'Orléans et que, pour arriver à destination, le transport doit emprunter les rails de plusieurs Compagnies. Exemple : Une expédition de Tours à Bayonne via Bordeaux, parce qu'elle emprunte les rails de l'Orléans et du Midi. Une expédition de Fréteval (P.-O.) à Onzain (P.-O.) via Vendôme et Blois, parce qu'elle emprunte les rails de l'Etat entre Vendôme et Blois.

Il existe également le trafic scindé et le trafic international, mais ces deux trafics, au point de vue comptable, rentrent dans le cadre du trafic intérieur ou du trafic direct, d'après les définitions citées plus haut, ou, pour le trafic international, d'après les instructions reçues de l'Administration centrale.

GARE EXPEDITRICE, GARE DESTINATAIRE, GARE DE TRANSIT.

La gare de départ d'une marchandise s'appelle la gare expéditrice.

La gare d'arrivée s'appelle la gare destinataire.

La même gare est donc expéditrice quand elle expédie, elle est destinataire quand elle reçoit.

La gare de transit est la gare où une marchandise passe d'un réseau sur un autre.

Exemple: Une expédition d'Orléans (P.-O.) à Troyes (Est) via Montargis et Sens.

La gare d'Orléans est gare expéditrice, celle de Troyes gare destinataire, les gares de Montargis et Sens sont des gares de transit ; à Montargis, la marchandise passe du réseau d'Orléans sur le réseau P.-L.-M. ; à Sens, du réseau P.-L.-M. sur le réseau de l'Est.

La gare expéditrice encaisse le prix du transport des voyageurs, bagages, colis postaux français et internationaux et colis agricoles, ainsi que pour le transport des marchandises et animaux en grande et petite vitesse, à moins que, pour ces dernières, l'expéditeur ne laisse le transport à la charge du destinataire ; dans ce cas, c'est la gare destinataire qui l'encaisse au moment de la livraison sous la rubrique ports dus.

La gare expéditrice envoie les colis accompagnés d'écritures à la gare destinataire, qui est ainsi fixée sur la façon dont les colis doivent être livrés.

ORGANISATION DE LA COMPTABILITE.

Chaque gare a sa comptabilité propre établie d'après les livres sur lesquels toutes les natures de transports et de recettes sont enregistrées.

Elle doit rendre compte tous les mois de toutes ses opérations à l'Administration centrale.

La récapitulation des comptes de toutes les gares du Réseau donne le total des opérations du Réseau.

Les bureaux de l'Administration centrale ci-après désignés sont chargés du contrôle des opérations concernant le Trafic-Intérieur et pour les voyageurs et bagages, celles des deux trafics.

Bureau des Produits-Voyageurs.

Bureau des Produits-Marchandises.

Bureau des Recettes.

Un bureau appelé Contrôle commun, est chargé de contrôler les opérations concernant le trafic direct : transports à grande et à petite vitesse, colis agricoles, colis postaux internationaux et, suivant instructions, quelques transports internationaux (franco-belge, franco-anglais), etc., etc.

C'est par suite de ces deux contrôles différents qu'il y a lieu de toujours comptabiliser exactement les opérations au trafic qu'elles concernent.

Dans les gares se trouvent des livres appropriés à chaque nature de transport, où toutes les opérations sont enregistrées au fur et à mesure en détail, et qui font ressortir clairement les sommes encaissées ou déboursées, ainsi que les sommes restant à encaisser.

Tous les jours les opérations de la journée sont centralisées sur un livre appelé situation générale, qui est additionné par décade et par mois et qui fait ressortir la situation exacte de la gare.

En fin de mois, la gare adresse à l'Administration centrale une copie des chiffres de cette situation qui font ressortir les recettes et les dépenses par nature. La gare fournit en même temps des états de fin de mois pour chaque nature de transport qui font ressortir le détail de toutes les opérations faites et permettent aux différents bureaux de vérifier les opérations de la gare.

Les opérations du trafic direct sont centralisées en détail sur une situation annexe dont les totaux journaliers sont reportés au jour le jour sur la situation générale.

Les chiffres de la situation annexe sont fournis tous les mois au Contrôle commun qui reçoit également les états de fin de mois concernant le trafic direct pour lui permettre de contrôler les opérations de ce trafic.

DIFFÉRENTES NATURES DE TRANSPORTS

FAÇON DE LES COMPTABILISER DANS LES GARES

Dans ce qui précède, nous avons vu comment était organisée la comptabilité des gares par rapport à l'Administration centrale.

Vous avez vu quelques-uns des termes employés en comptabilité.

Il s'agit maintenant de vous expliquer ce qui se passe dans les gares, quels sont les livres sur lesquels doivent être enregistrées toutes les opérations et quels sont les états de fin de mois qui doivent être adressés à l'Administration centrale ou au Contrôle commun pour leur permettre de remplir leur mission.

Nous allons examiner sommairement les différentes natures de transport dans l'ordre suivant :

1° Voyageurs ;

2° Perceptions supplémentaires ;

3° Bagages ;

4° Consigne ;

5° Transport des colis et marchandises.

Pour compléter votre instruction, vous aurez à votre disposition, dans les gares, le Règlement de comptabilité comprenant quatre volumes, les deux Instructions générales concernant le trafic direct de grande et de petite vitesse, et les Instructions et Circulaires diverses réglementant le service comptable des gares.

Dans l'exposé qui va suivre, après chaque titre, sont indiqués les numéros des articles du Règlement de Comptabilité qui le concernent.

1° VOYAGEURS (*Articles 1 à 82*)

Lorsqu'un voyageur veut se rendre à une destination quelconque, il se présente au guichet de la gare de départ et demande un billet qui lui est remis contre espèces.

Ce billet constitue son titre de transport, il le conserve tout le temps de son voyage et ne le remet qu'à sa sortie de l'enceinte du Chemin de fer à la gare destinataire.

Nature des billets.

Les billets des voyageurs sont de deux natures :

1° Les billets fixes ;

2° Les billets passe-partout.

Les billets fixes sont ceux qui portent imprimé le nom de la gare de départ, le nom et le numéro de la gare d'arrivée, ainsi que le prix de la place et la durée de validité ; ils indiquent en outre le point de transit si la gare destinataire est située sur une Compagnie étrangère et un numéro d'ordre à chaque extrémité. Ils sont en carton.

Les billets passe-partout portent imprimé le nom de la gare expéditrice et un numéro d'ordre ; le nom de la gare destinataire, du point de transit le cas échéant, la validité et le prix sont indiqués à la main ; ils sont de deux sortes, les uns en papier, les autres en carton.

Ceux en papier sont utilisés pour les relations du trafic intérieur et celles du trafic direct avec les grands réseaux, ainsi que pour les relations avec les Compagnies secondaires (Voie étroite, Départementaux, Economiques, etc...).

Ils sont reliés en carnet et comprennent deux souches à établir au décalque, l'une destinée à l'Administration centrale à l'appui des états de voyageurs, l'autre conservée par la gare pour la comptabilité. Les inscriptions sont faites à l'aide d'un crayon aniline.

Ceux en carton sont utilisés par les Agences de voyage.

En principe, les billets à destination fixe sont utilisés pour les relations des gares entre elles, qui donnent lieu à la délivrance de 50 billets ou plus, par an, et par classe, pour chaque catégorie de billets. Pour les relations moins actives, les gares utilisent les billets passe-partout.

Utilisation des billets.

Les billets, qu'ils soient fixes ou passe-partout, en carton ou en papier, sont de trois couleurs différentes, suivant la classe à laquelle ils s'appliquent. Ils sont :

Couleur des billets.

Jaunes pour la 1re classe ;
Verts pour la 2e classe ;
Bruns pour la 3e classe.

Les billets passe-partout pour la perception de l'impôt sur l'exemption sont de couleur bleue, la classe est indiquée à la main.

Il y a également différentes catégories de billets :

Catégories des billets.

En trafic intérieur : Aller et retour ordinaires, aller et retour mutilés avec réduction de 50 à 75 0/0, Mutilés simples avec réduction de 75 0/0, Parents d'employés, Militaires, Demi-place, Place entière, Familles nombreuses aller et retour et simples avec réduction de 30 à 70 0/0.

En trafic direct : Aller et retour ordinaires, aller et retour mutilés avec réduction de 50 à 75 0/0, mutilés simples avec réduction de 75 0/0, militaires, demi-place, place entière, familles nombreuses, aller et retour et simples avec réduction de 30 à 70 0/0.

Ces différentes catégories de billets, lorsqu'ils sont en carton, sont différenciés entre eux de façon à ne pas être confondus et indiquent imprimée la catégorie à laquelle ils se rapportent.

Les billets passe-partout en papier utilisés dans les gares comprennent 10 carnets :

3 carnets pour les billets aller et retour, un pour chaque classe, qui servent indistinctement pour les aller et retour ordinaires, familles nombreuses et réformés de guerre ;

3 carnets pour les autres catégories de billets ordinaires, un pour chaque classe, qui servent indistinctement pour les billets à place entière, les billets à demi-place, les billets militaires, les billets familles nombreuses et les billets réformés de guerre. Ces billets ne sont différenciés que par la taxe perçue et la rubrique sur laquelle elle est inscrite sur le billet ;

1 carnet de billets pour la perception de l'impôt sur l'exemption, des voyageurs porteurs de titres de transport à réductions diverses ou gratuites passibles de l'impôt ;

1 carnet de billets de transports spéciaux mod. 40^{po}, 139^{cc} ;

1 carnet de billets aller et retour « chiens » ;

1 carnet de billets à trajet simple « chiens ».

2.

Les billets passe-partout concernant les familles nombreuses, les billets pour la perception de l'impôt sur l'exemption, ainsi que les billets de transports spéciaux peuvent être collectifs et comprendre les personnes d'une même famille ou d'un même groupe, les billets des autres catégories ne peuvent être délivrés qu'individuellement.

Il existe également des billets d'arrêts en carton, des billets délivrés à l'occasion de fêtes ou de trains de plaisir, ainsi que des billets spéciaux (familles, bains de mer, stations thermales, etc.), des cartes d'abonnement, etc., au sujet desquels vous trouverez dans les gares les instructions concernant leur délivrance.

Casier à billets. — Dans chaque gare, il existe un casier à billets contenant un nombre de tubes, suivant l'importance de la gare, dans lesquels les billets en carton sont placés (par 50 ou par 100) les uns au-dessus des autres de façon que le plus petit numéro soit placé en bas, le premier à prendre.

Il est affecté un tube par destination et par classe pour les billets fixes.

Les billets sont retirés un à un au-dessous du tube au fur et à mesure de la vente.

Délivrance. — Au moment de la délivrance, on doit indiquer au dos des billets en carton, avec une griffe, la date du jour de la délivrance ; sur les billets aller et retour qui comportent deux coupons, un pour l'aller, l'autre pour le retour, la date doit être indiquée sur chaque coupon.

Dans les gares où il est délivré un assez grand nombre de billets, il existe un composteur qui incruste la date dans le carton au dos des billets.

Sur les billets passe-partout en papier, la date de la délivrance est mise à la main dans la grisaille « date d'émission » en ayant soin de faire précéder d'un zéro, le chiffre indiquant le quantième des neufs premiers jours du mois. Ainsi le 8 mai 1927 doit s'écrire le 08 mai 1927.

Il est indispensable que ces indications soient toujours nettes et bien lisibles ; elles ne doivent être surchargées sous aucun prétexte.

Lorsqu'un voyageur demande un billet, il suffit de retirer un billet du tube contenant la destination et la classe demandée, de le remettre au voyageur (après avoir mis la date) en lui indiquant le prix et encaisser.

Si l'on n'a pas de billet fixe pour la destination ou la classe demandée, il faut délivrer un billet passe-partout.

Fourniture. — Les gares demandent les billets dont elles ont besoin sur l'imprimé mod. n° 1 adressé au Service du Petit Matériel et des Impressions par l'intermédiaire de l'Arrondissement.

Le Service du Petit Matériel et des Impressions envoie les billets demandés sans débit de leur valeur; il n'est tenu compte que du nombre.

Dès réception des billets, la gare vérifie si l'envoi est régulier.

Les billets sont ensuite enregistrés sur le carnet d'entrée mod. 5 par catégorie, par destination et par classe.

COMPTABILITE (*Articles 83 à 91*)

Décompte. — Le décompte des billets vendus se fait sur le carnet mod. 12.

Le premier jour du mois, on inscrit dans la première colonne de ce livre les noms des gares pour lesquelles on a des billets à destination fixe, et, en regard de chaque destination, le premier numéro à prendre au tube dans chaque classe.

Les billets passe-partout en papier, ainsi que les billets spéciaux, sont inscrits ensuite en indiquant la catégorie dans la première colonne et les numéros à prendre dans la colonne suivante.

A la fin de la journée, afin de connaître le montant des billets vendus, on arrête le casier.

Pour faire cette opération, on inscrit dans la colonne suivante le numéro à prendre dans chaque tube, la différence entre le numéro précédent et celui inscrit donne le nombre de billets délivrés ; ce nombre, porté dans la colonne à ce destinée, multiplié par le prix de chaque billet, donne le produit à inscrire dans la colonne « produits ».

En additionnant tous les produits des billets à destination fixe, on obtient le produit des billets fixes de la journée.

On opère de même pour les billets passe-partout en papier, mais, au lieu de multiplier le nombre de billets vendus par un prix quelconque, on fait le total des souches des billets vendus par classe et par catégories et on le place dans la colonne « Produit ».

Les billets spéciaux, cartes d'abonnement, etc., sont inscrits, au fur et à mesure de la vente, sur le carnet d'inscription des billets passe-partout mod. 7, sur lequel on trouve le produit à inscrire sur le carnet mod. 12.

Le total des produits des différents billets passe-partout donne le produit des billets passe-partout de la journée.

Il est perçu sur tous les billets au-dessus de 10 francs un timbre-quittance dont le décompte est fait au bas de carnet mod. 12.

On inscrit sur le livre de caisse le montant des billets fixes, celui des passe-partout et celui des timbres-quittance.

Tous les jours, la gare se débite à la situation générale des sommes décomptées sur carnet mod. 12 au titre Billets fixes, Billets passe-partout et Timbres-quittance.

Le carnet mod. 12 est additionné par décade et par mois et fait ressortir en fin de mois le total des billets vendus et des timbres-quittance perçus, totaux qui doivent être égaux à ceux de la Situation générale.

ETATS DE FIN DE MOIS (*articles 92 à 104*)

En fin de mois, la gare doit établir des états qui sont faits à l'aide des renseignements indiqués par le carnet mod. 12, les souches des billets passe-partout en papier et le carnet mod. 7.

Ces états doivent faire ressortir, d'une part, les sommes revenant à la Compagnie d'Orléans et, d'autre part, celles revenant aux autres Compagnies : le total général doit être égal aux chiffres de la Situation générale.

Les stations emploient un état unique, mod. 9bis, pour décompter par mois le nombre et le produit des billets fixes et passe-partout ordinaires, délivrés en trafic intérieur. **Etat mod. 9bis.**

Sur l'état mod. 9bis, les nombres et le produit des billets fixes du trafic intérieur sont relevés en tête en indiquant toutes les destinations, le premier et le dernier numéro du mois et en faisant le décompte du mois entier en une seule fois.

Le total de ce décompte, qui doit être exact avec celui fait au jour le jour et totalisé en fin de mois sur le carnet mod. 12 est reporté par classe à la récapitulation de la 3ᵉ page en regard de la mention « Billets fixes Orléans ».

Le nombre et le produit des billets passe-partout ordinaires du trafic intérieur sont ensuite relevés par catégorie sur la partie en blanc du mod. 9bis et il en est fait une récapitulation.

La part afférente, à la Compagnie d'Orléans sur billets fixes et passe-partout en destination des Compagnies correspondantes du trafic direct à deux réseaux est décomptée à la troisième page dans le cadre réservé à cet effet.

Il est fait un total des produits des billets passe-partout du trafic intérieur avec la part P.-O. sur les billets du trafic direct à deux réseaux, au bas de la troisième page, et ce total général est reporté par classe à la récapitulation en regard de la mention « Billets passe-partout Orléans ».

A la quatrième page du mod. 9bis, un cadre est réservé à l'inscription et au produit des billets spéciaux, dont le produit total doit être reporté par classe à la récapitulation en regard de la mention « Billets spéciaux d'autre part ».

Il est établi un mod. 9bis spécial pour le décompte des billets fixes familles nombreuses du tarif intérieur. Le nombre et le produit sont additionnés pour chaque taux de réduction et une récapitulation en est faite à la fin de ce bordereau.

Le total des produits de cet état spécial est reporté, par classes, en face de la rubrique « familles nombreuses, billets fixes » de l'état récapitulatif mod. 9bis.

Etat mod. 13bis. — Les billets fixes et passe-partout ordinaires délivrés en trafic direct à deux réseaux, sont inscrits et décomptés sur l'état mod. 13bis. Il est utilisé un mod. 13bis distinct par Compagnie destinataire, sur lequel sont décomptés le nombre de billets et la part revenant à cette Compagnie.

Le total de chaque état mod. 13bis est reporté, par classe, dans la partie inférieure du cadre récapitulatif de l'état mod. 9bis en regard du nom de la Compagnie intéressée inscrit à la main.

Etats mod. 11ter et 13^quater. — Le nombre et le produit des billets passe-partout, familles nombreuses délivrés en trafic intérieur, et en outre, la part P.-O. seulement des billets délivrés en trafic direct à deux réseaux sont décomptés sur l'état mod. 11ter.

La part revenant aux Compagnies correspondantes sur les billets familles nombreuses délivrés en trafic direct à deux réseaux, est décomptée sur un état mod. 13^quater distinct par Compagnie.

Le total des produits par classe de l'état mod. 11ter ainsi que celui de chaque mod. 13^quater sont reportés sur l'état récapitulatif mod. 9bis, en regard des rubriques les concernant.

Etats mod. 32, 32bis A, 32bis B et 32ter. — Les billets passe-partout de couleur bleue utilisés pour la perception de l'impôt sur l'exemption, sont inscrits et décomptés comme suit :

Les billets gratuits sur un état mod. 32 dans leur ordre de délivrance, sans distinction de trafic (intérieur ou direct).

Il est établi un état mod. 32 distinct pour la comptabilisation de l'impôt sur l'exemption perçu sur les cartes de circulation gratuite ou à tarif réduit, établies par le service de la Direction et remises aux intéressés par les gares. La nature et le numéro de la carte ainsi que le nom du bénéficiaire, doivent être indiqués sur cet état dont le total est reporté à l'état mod. 32 des billets « gratuits » sous la rubrique « Impôt sur les cartes de circulation ».

Les billets réduits délivrés en trafic intérieur, sur un état mod. 32bis A ou 32bis B, ceux délivrés en trafic direct à deux réseaux sur un état mod. 32ter distinct par Compagnie.

Le total de l'état mod. 32 des billets gratuits, le total de la récapitulation faite sur l'état mod. 32bis A (au verso), ainsi que la part revenant à chaque Compagnie correspondante déterminée sur l'état mod. 32ter sont reportés, par classe, à l'état récapitulatif mod. 9bis en face leurs rubriques respectives.

Les billets fixes et passe-partout délivrés en trafic direct à plus de deux réseaux sont inscrits, sans distinction de Compagnie destinataire sur un état mod. 13[cc] sur lequel ils sont décomptés, sans distinction de compagnie destinataire, pour leur valeur totale sans répartition.

Le total des produits par classe de cet état est reporté à la rubrique « Trafic direct à plus de deux réseaux » de l'état récapitulatif mod. 9bis.

Trafic direct à plus de deux réseaux.

Après avoir reporté, dans le cadre récapitulatif de la 3e page de l'état mod. 9bis, le total des produits, par classe, des états désignés ci-dessus, et celui des perceptions supplémentaires, l'addition des chiffres inscrits dans la partie supérieure de ce cadre permet d'obtenir un premier total faisant connaître les produits revenant à la Compagnie d'Orléans.

Arrêté de l'état mod. 9bis.

On ajoute à ce total, les parts revenant aux Compagnies correspondantes, inscrites par Compagnie dans la partie inférieure du cadre et on obtient le total général des produits des billets délivrés pendant le mois qui doit être égal à celui indiqué par la situation générale.

Dans le cadre inférieur de la troisième page du mod. 9bis, on indique également le nombre et le produit des timbres-quittance perçus sur voyageurs et perceptions supplémentaires.

·Dans le cadre inférieur de la quatrième page du mod. 9bis, on indique le pointage de toutes les catégories de billets passe-partout en papier, et celui des billets spéciaux de toute nature.

Ce pointage consiste à indiquer le numéro commençant le mois et celui le finissant. La différence donne le nombre de billets délivrés qu'on doit trouver décomptés dans les états de fin de mois.

Les souches des billets passe-partout en papier sont épinglées ou attachées par catégories et jointes aux états mod. 9bis, 11ter, 32 ou 32bis pour le trafic intérieur, aux états mod. 13bis, 13[quater], 13[cc] ou 32ter pour le trafic direct.

Les états de voyageurs de fin de mois des gares importantes sont établis sur des imprimés particuliers à ces gares, récapitulés sur l'état mod. 19 ou 19bis suivant leur importance.

Les billets de chiens sont inscrits et comptabilisés en fin de journée et en fin de mois sur le carnet mod. 12 de la même manière que les billets de voyageurs.

Billets de Chiens.

Les billets de chiens ne sont délivrés qu'en trafic intérieur.

Il est établi en fin de mois un état mod. 8bis qui fait ressortir le nombre et le produit des billets de chiens délivrés dans le mois, dont le total doit être conforme à celui de la Situation générale au titre « Billets de Chiens ».

Les états de voyageurs sont adressés à l'Administration centrale le 7 du mois suivant après avoir relevé sur le carnet prescrit par l'Intruction 700, les renseignements utiles pour établir les carnets de statistique mod. 756 et 757.

2° PERCEPTIONS SUPPLÉMENTAIRES (*Articles 109 à 124*)

Les perceptions supplémentaires sont des perceptions faites des voyageurs dans des cas spéciaux tels que :

Voyageurs sans billets, supplément de place de luxe, prolongation de validité d'un coupon retour, allongement de parcours, voyageurs déclassés, etc., etc.

Il existe, pour ces sortes de perceptions, deux carnets établis au décalque et numérotés :

1° Le carnet mod. 35 ;

2° Le carnet mod. 36.

Le premier feuillet, établi au crayon d'aniline, est remis au voyageur, il doit être écrit et signé lisiblement ; le deuxième feuillet reste à la gare.

Le bulletin mod. 35 tient lieu de billet et est remis au voyageur en lui retirant le titre de transport qu'il possédait déjà et qui doit être collé ou épinglé à la souche qui reste à la gare. Il doit être signé lisiblement par l'agent qui l'établit.

Le bulletin mod. 35 tenant lieu de billet, les grattages, ratures ou surcharges sont formellement interdits. Le cas échéant, on annule le bulletin commencé et on en établit un autre.

Le reçu mod. 36 ne peut jamais servir de billet.

Vous verrez dans les gares les instructions qui indiquent dans quels cas le titre de transport doit être retiré ou laissé entre les mains du voyageur.

Le nom de la gare qui établit le reçu mod. 35 doit toujours être indiqué au moyen de la griffe apposée, très lisiblement, à la place réservée à cet effet.

La perception du droit de timbre-quittance sur les perceptions supplémentaires est soumise à des règles spéciales (articles 754 du R. C.).

Comptabilité. Les perceptions supplémentaires sont inscrites sur le livre de caisse au fur et à mesure des perceptions, en indiquant le numéro du carnet et du bulletin, le motif de la perception, et la somme perçue.

La gare porte tous les jours au débit de la situation générale le montant des perceptions de la journée au titre « Perceptions supplémentaires ».

Etats de fin de mois. Les perceptions supplémentaires sont relevées au jour le jour :

Sur l'état mod. 18 B pour le trafic intérieur ;

Sur l'état mod. 18 A pour le trafic direct à deux réseaux ;

Sur l'état mod. 18^{cc} pour le trafic direct à plus de deux réseaux.

Les totaux des états mod. 18 A et 18^{cc} sont reportés en fin de mois sur l'état mod. 18 B, qui donne ainsi le total des perceptions du mois qui doit être reporté dans le cadre récapitulatif du mod. 9bis voyageurs.

Les souches des reçus mod. 35 et celles des reçus mod. 36 sont jointes aux états mod. 18 A, 18 B et 18^{cc}, au moment de leur envoi à l'Administration centrale, avec les états de voyageurs.

Les billets recueillis à l'arrivée doivent être annulés aussitôt à l'em-porte-pièce.

Billets recueillis à l'arrivée.

Les billets sont attachés après avoir été classés comme il est prescrit et récapitulés sur la fiche mod. 20.

Ils sont adressés à l'Administration centrale, dans le sac porte-plis, le lendemain de leur retrait.

Certaines gares désignées établissent un état mod. 15 sur lequel sont inscrits jour par jour les billets recueillis.

3° **BAGAGES ET CHIENS** (*Articles 161 à 210bis*)

Si un voyageur, après avoir pris son billet, désire faire enregistrer des colis comme bagages, il doit les présenter à l'agent chargé de l'enregistrement en même temps que son ou ses billets.

Bagages accompagnés.

Il a droit à une franchise de 30 kilos pour les voyageurs au-dessus de 7 ans et de 20 kilos pour les enfants de 3 à 7 ans payant demi-place ; pour chaque enregistrement il est perçu un droit d'enregistrement, et l'excédent est taxé conformément au tarif en vigueur.

Sauf quelques exceptions, les bagages ne peuvent être enregistrés que pour la destination indiquée sur le billet ou le titre en tenant lieu.

Après avoir pesé les colis, le facteur effectue l'enregistrement des bagages sur le carnet mod. 60 PC, numéroté, suivant l'importance des gares, de 1 à 50 ou de 1 à 200, établi au décalque et se composant de trois feuillets, savoir :

1° Le bulletin du voyageur ;
2° Le bulletin du conducteur ou feuille de route ;
3° La souche.

Ces trois feuillets, établis simultanément, indiquent le nom de la gare expéditrice, le nom de la gare destinataire, le point de transit le cas échéant, le numéro du train et la date, le nombre de places, le nombre de colis, le poids des colis, le poids taxé et enfin la taxe perçue.

Il est réservé en outre un emplacement destiné à l'inscription des réserves et autres indications indispensables (manque une poignée, emballage insuffisant, vélo avec ou sans plaque, acquit ou congé n°..., etc., etc.).

Pour éviter les surcharges ou rectifications du nombre de places, après coup, le facteur se fait présenter tous les billets des voyageurs auxquels appartiennent les bagages, si, néanmoins, une rectification s'impose, elle doit être mentionnée sur le bulletin du voyageur, la feuille de route et la souche, et appuyée des numéros, de la classe et de la nature des billets présentés.

Le bulletin du voyageur est remis à celui-ci contre le paiement de la taxe ; on lui remet en même temps le ou les billets après avoir apposé au dos la griffe « Bagages » (1). Si la somme perçue est supérieure à 10 francs, il est perçu un droit de timbre-quittance.

Ce bulletin, qui constitue le contrat de transport, est retiré des mains du voyageur au moment de la livraison des colis par la gare destinataire.

Le bulletin du conducteur ou feuille de route est remis au Chef de train en même temps que les colis régulièrement étiquetés.

---

(1) L'apposition de la griffe « bagage » au dos des billets ayant servi à l'enregistrement des colis a pour but d'empêcher qu'un voyageur puisse se servir du même billet pour faire effectuer plusieurs enregistrements.

Le Chef de train remet les colis et la feuille de route à la gare destinataire.

La souche reste jointe au carnet, qui constitue le carnet d'expéditions des bagages de la gare.

Les gares et stations où il existe un service de factage peuvent se charger, si les voyageurs le désirent, de faire transporter à domicile les bagages arrivant par les trains.

Les voyageurs peuvent, s'ils le désirent, demander, lors de leur départ de l'une des gares du réseau, la livraison de leurs bagages à domicile dans Paris, par les soins de la Société des Bagages Duchemin.

Recommandation importante. — Avant la mise en service de chaque carnet mod. 60, les gares expéditrices doivent apposer, d'une manière très nette, leur griffe sans date sur tous les bulletins, feuilles de route et souches du carnet à utiliser.

Comptabilité.

Tous les jours, au moment de l'arrêté de la journée, au verso du dernier enregistrement, on fait le décompte suivant:

Taxes des bagages avec excédent et chiens ...
Droit d'enregistrement à   (du n°   au
n°   ) ....

Total ....
Droit de timbre-quittance ....

Ces chiffres sont indiqués tous les jours sur le livre de caisse et au débit de la Situation générale sous la rubrique : « Bagages et Chiens » et « Timbres-quittance ».

Etats de fin de mois.

Les excédents perçus sur bagages et chiens sont relevés au jour le jour:

Sur état mod. 62 pour le trafic intérieur ;
Sur état mod. 64 pour le trafic direct à deux réseaux ;
Sur état mod. 64^{cc} pour le trafic direct à plus de deux réseaux.

Les excédents perçus sur les enregistrements bagages du trafic direct à deux réseaux sont inscrits sur un état mod. 64 distinct par Compagnie avec indication de la taxe revenant à chaque réseau, ceux concernant le trafic direct à plus de deux réseaux sont inscrits, sans distinction de Compagnie destinataire, sur un état mod. 64^{cc}, sur lequel la taxe totale est indiquée en bloc sans répartition.

En fin de mois, le décompte des enregistrements perçus est fait par série sur l'état mod. 62 et la récapitulation générale faite conformément à l'imprimé sur l'état mod. 63, dont le total doit être égal au chiffre indiqué par la Situation générale.

Bulletins recueillis à l'arrivée.

Les bulletins bagages retirés des mains des voyageurs par la gare destinataire au moment de la livraison des colis sont collés avec la feuille de route remise par le Chef de train.

Après avoir été classés suivant les instructions, ils sont adressés en fin de mois à l'Administration centrale, le 7 de chaque mois pour le mois écoulé.

Chiens.

Les chiens accompagnés peuvent être transportés soit avec billet, soit avec enregistrement bagage. Ils sont comptabilisés soit avec les billets, comme cela a été dit, soit avec les bagages, comme un enregistrement ordinaire avec taxe.

LIVRE V

Les chiens non accompagnés font l'objet de transports en grande vitesse et comptabilisés comme tels.

Le public a la faculté d'expédier (Tarif commun G. V. 110) les objets à l'usage personnel des voyageurs, de leurs familles, y compris les échantillons des voyageurs de commerce, comme bagages non accompagnés, sans se munir au préalable d'un billet de voyageur. **Bagages non accompagnés** (*Article 218*).

Ces colis sont taxés sans aucune franchise, chaque enregistrement donne lieu à la perception d'un droit d'enregistrement et d'un droit de timbre de récépissé de grande vitesse.

En raison de la perception du droit de timbre de récépissé de grande vitesse, il n'y a pas lieu, lorsque le montant de la somme perçue pour un enregistrement dépasse 10 francs, de percevoir de timbre-quittance.

Ces colis sont enregistrés sur les mêmes imprimés que ceux utilisés pour les bagages ordinaires (carnet mod. 60 PC) et munis de l'étiquette spéciale à ces transports.

Des carnets spéciaux mod. 60 PC sont affectés à ces enregistrements.

Le produit des enregistrements des objets non accompagnés est comptabilisé avec celui des bagages accompagnés.

Les taxes perçues sont inscrites et décomptées sur :

un état mod. 62 spécial pour le trafic intérieur ;

un état mod. 64 spécial distinct par Compagnie destinataire pour le trafic direct à deux réseaux, avec indication de la part revenant à chaque réseau ;

un état mod. 64cc spécial pour le trafic direct à plus de deux réseaux sur lequel elles sont inscrites, sans distinction de Compagnie destinataire, en totalité, sans répartition.

On doit indiquer sur ces états spéciaux la mention bien apparente « Tarif commun G. V. 110 ».

Le total des états mod. 62, 64 et 64cc spéciaux relatifs aux bagages non accompagnés est reporté sous la rubrique (T. C. G. V. 110) sur l'état récapitulatif mod. 63, en indiquant sur ce dernier le montant des droits de timbres perçus en compte avec le Trésor.

La livraison des objets non accompagnés est effectuée contre la remise du bulletin du voyageur.

Les frais de consigne des objets non accompagnés sont calculés, perçus et comptabilisés comme s'il s'agissait de colis bagages ordinaires laissés en dépôt.

4° CONSIGNE (*Articles 211 à 217*)

Les gares sont munies d'un carnet de consigne, mod. n° 66, numéroté et établi au décalque, destiné à l'enregistrement des bagages mis ou laissés en dépôt par les voyageurs.

Le premier feuillet, constituant le bulletin du déposant, est remis au voyageur, et le deuxième, formant souche, reste joint au carnet.

La partie de droite de la souche, comprenant des étiquettes-numéros, est détachée et collée sur les colis pour les identifier.

Lorsqu'un voyageur veut déposer des colis en consigne, l'agent établit un bulletin de consigne en indiquant la date et l'heure du dépôt, ainsi que le nombre et la nature des colis.

Les colis sont rendus au voyageur contre remise du bulletin du déposant et contre paiement des frais de consigne.

Ce bulletin est complété par l'indication de la date et l'heure du retrait.

ainsi que la somme perçue, et est collé à la souche, qui a été complétée de la même façon.

Pour les bagages laissés en dépôt, si le voyageur remet son bulletin de bagages, on opère comme il est dit ci-dessus.

Si le voyageur conserve son bulletin, on enregistre tout de même les colis sur le carnet de consigne, mais sans détacher le bulletin du déposant.

Les colis sont remis au voyageur contre remise du bulletin de bagages et contre paiement des frais de consigne.

Les taxes des colis consignés, pouvant être doublées ou quadruplées pour certains objets, suivant qu'ils ont voyagé ou non, il est recommandé d'indiquer sur le bulletin du voyageur et sur la souche le titre présenté au moment du retrait ou l'enregistrement dont les colis ont été l'objet.

Comptabilité. — Les frais de consigne perçus sont enregistrés sur le livre de caisse et pris en charge au débit de la Situation générale sous la rubrique : « Consigne ».

Etats de fin de mois. — Les perceptions sur consigne sont inscrites au jour le jour, article par article, sur un bordereau de magasinage, mod. 227, dont le total, en fin de mois, doit être égal au chiffre indiqué par la Situation générale.

Inventaire. — Il est recommandé aux agents de faire tous les jours l'inventaire des colis consignés, sur un carnet spécialement affecté à cet usage.

5° TRANSPORT DES COLIS ET MARCHANDISES

Lorsqu'une personne veut expédier des colis ou des marchandises pour une destination quelconque, elle peut les expédier, suivant le cas, de quatre façons différentes, savoir :

1° Comme colis postal ;
2° Comme colis agricole :
3° Comme messagerie ou grande vitesse ;
4° Comme petite vitesse.

Dans les transports que nous avons examinés jusqu'ici, nous avons remarqué que les pièces établies par la gare étaient remises au voyageur, des mains duquel elles étaient retirées au moment de la livraison ou à l'expiration du contrat.

Dans le transport des marchandises, il ne peut en être ainsi, puisque la personne qui expédie n'est pas la même que celle qui reçoit ; aussi a-t-il fallu trouver un système qui garantisse les droits de chaque partie.

Pour chaque expédition, l'expéditeur doit remettre un contrat de transport (bulletin postal ou déclaration d'expédition) établi par lui ou son mandataire et indiquant d'une façon très précise tous les renseignements utiles pour la bonne exécution du transport.

Ce contrat doit être daté et signé et, pour la grande vitesse et les colis agricoles seulement, indiquer également l'heure de la remise.

En échange de ce contrat de transport, l'expéditeur reçoit, s'il le désire, un récépissé à l'expéditeur.

La Compagnie n'est définitivement déchargée de sa responsabilité que contre émargement du destinataire, auquel il est remis, pour la grande et la petite vitesse, un récépissé au destinataire.

Dans les transports de grande et petite vitesse, l'expéditeur peut faire suivre soit un débours, soit un remboursement.

Un débours est une somme dont l'expéditeur veut obtenir le paiement **Débours.**
au moment de l'expédition des colis et qui est remboursée à la Compagnie
par le destinataire au moment de la livraison.

Les débours ne sont payés aux expéditeurs qu'autant qu'ils sont peu
importants, de beaucoup inférieurs à la valeur de la marchandise et qu'ils
ne représentent pas au delà des frais déjà faits soit à titre de transport anté-
rieur, de frais de douane, etc., à l'exclusion des frais de régie.

Un remboursement est une somme que l'expéditeur indique à ce titre **Remboursement.**
sur la déclartion d'expédition ou le bulletin postal et qui ne lui est payée
qu'après avoir été encaissée du destinataire au moment de la livraison du
colis.

Nous allons examiner quelles sont les opérations faites dans les gares
pour chacune de ces différentes façons d'expédier le colis.

1° COLIS POSTAUX

Le transport des colis postaux en provenance ou à destination de la **A l'intérieur de la**
France continentale est réglementé par *l'Instruction n° 884.* **France continen-**
Le transport des colis postaux doit être toujours payé au départ et ne **tale.**
peut pas être grevé de débours.

On accepte comme colis postal tout colis de 0 à 20 kilos, pourvu qu'il
remplisse les conditions du tarif postal que vous trouverez dans les gares.

Les colis présentés comme colis potaux doivent porter une adresse
faisant connaître l'adresse de l'expéditeur et celle du destinataire, ainsi que
tous les renseignements nécessaires à la livraison du colis « en gare ou à
domicile », le montant du remboursement, de la valeur déclarée ou de
l'intérêt à la livraison, suivant le cas.

Il existe cinq coupures de colis postaux: de 0 à 3 kilos, de 3 à 5 kilos,
de 5 à 10 kilos, de 10 à 15 kilos et de 15 à 20 kilos.

Les bulletins postaux des coupures de poids de 0 à 3 kilos, de 3 à 5 kilos
et de 5 à 10 kilos, sont d'un prix invariable, quel que soit le parcours à effectuer à l'intérieur de la France continentale ; ceux des coupures de 10 à
15 kilos et de 15 à 20 kilos comprennent trois séries de prix applicables res-
pectivement :

Aux parcours jusqu'à 400 kilomètres (1ʳᵉ zone) ;
Aux parcours de 401 à 700 kilomètres (2ᵉ zone) ;
Aux parcours de plus de 700 kilomètres (3ᵉ zone).

Pour chaque coupure et pour chaque zone, il existe deux bulletins de
prix différents, l'un pour les colis livrables en gare, l'autre pour les colis
livrables à domicile.

Les gares sont pourvues de bulletins postaux ainsi que de vignettes
utilisées, suivant le cas pour « Apport à la gare », « valeur déclarée »,
« Intérêt à la livraison » ou « Livraison par express ».

Ces bulletins postaux et ces vignettes sont vendus à l'avance au public.
Le bulletin postal se compose de trois parties portant le même numéro.
La partie de gauche, qui constitue le contrat de transport ;
La partie supérieure de droite, qui constitue le récépissé à l'expéditeur;
La partie inférieure de droite, qui constitue l'étiquette d'acheminement.

Lorsqu'un expéditeur présente un colis pour l'expédier comme colis **Opérations de la gare**
postal, il doit présenter en même temps un bulletin postal gare ou domi- **de départ.**

cile, suivant le cas, de la coupure se rapportant au poids du colis ; s'il n'en présente pas, la gare lui en remet un contre paiement de sa valeur.

L'expéditeur a intérêt à indiquer, au verso du bulletin d'expédition, dans le cadre à ce destiné, la manière dont il entend disposer du colis, au cas où la livraison ne pourrait être effectuée. Cette annotation doit être reproduite sur le colis même. L'expéditeur est autorisé à interdire, au moyen d'une annotation appropriée sur le bulletin d'expédition et sur le colis, toute réexpédition qui pourrait être demandée par le destinataire.

L'agent chargé de la reconnaissance du colis rapproche les renseignements inscrits sur le bulletin par l'expéditeur de ceux indiqués sur l'adresse du colis ; il s'assure en même temps que le bulletin indique bien tous les renseignements qu'il comporte et pèse le colis pour se rendre compte qu'il appartient bien à la coupure de poids et à la zone désignée par le bulletin postal présenté. Après avoir examiné le colis et fait régulariser les erreurs relevées, il appose la griffe à date de la gare sur les trois parties du bulletin postal, aux places réservées à cet effet, et détache le récépissé à l'expéditeur qu'il remet à celui-ci.

Il indique ensuite sur le bulletin postal et sur l'étiquette d'acheminement le nom de la gare destinataire, le nom de la Compagnie destinataire et, le cas échéant, le nom des gares de transit.

Il détache ensuite l'étiquette et la colle sur le colis en même temps qu'une étiquette de provenance.

Le bulletin postal est ensuite enregistré sur le carnet d'expéditions, modèle 192, et est adressé à la gare destinataire par premier train.

Le colis est remis au Chef du train désigné, qui donne émargement sur bordereau 550, sur lequel les colis postaux et messageries expédiés sont relevés par train de départ.

Tous les jours, on additionne le nombre de colis postaux expédiés sur le carnet mod. 192 ; ce chiffre est reporté sur une page en blanc laissée au commencement de chaque mois et qui constitue la récapitulation mensuelle des colis postaux expédiés.

Valeur déclarée et déclaration d'intérêt à la livraison.

Il peut être accepté des colis avec déclaration de valeur ou avec déclaration d'intérêt à la livraison jusqu'à 5.000 francs.

Ces colis doivent avoir un conditionnement spécial.

L'indication du poids du colis et de la valeur déclarée ou de la déclaration d'intérêt à la livraison, doivent être indiquées sur le bulletin postal et sur le colis lui-même.

Il est perçu, outre les taxes ordinaires, un droit d'assurance ; chaque perception donne lieu à l'apposition de vignettes valeur déclarée ou d'intérêt à la livraison dont les gares sont munies.

Lorsqu'il n'est fait usage que d'une vignette, elle est apposée dans la case à ce destinée ; s'il y en a plusieurs, on les colle au verso du bulletin postal.

En inscrivant le bulletin sur le carnet d'expédition mod. 192, il ne faut pas oublier d'inscrire le poids du colis, le montant de la valeur déclarée, de la déclaration d'intérêt à la livraison et le nombre de vignettes utilisées.

Le même colis peut être expédié, en même temps, avec valeur déclarée et avec déclaration d'intérêt à la livraison.

Remboursement.

Les colis postaux peuvent être grevés de remboursement jusqu'à deux mille francs.

Le montant du remboursement doit être inscrit en toutes lettres sur le bulletin postal, sur la grisaille à ce destinée, ainsi que sur le colis.

Quelle que soit la catégorie et la coupure du postal, l'expéditeur doit acquitter le coût d'un bulletin avis d'encaissement dont le prix varie suivant que le remboursement est inférieur ou supérieur à 500 francs ou à 1.000 francs sans dépasser 2.000 francs et suivant qu'il est payable en gare ou à domicile.

Le bulletin avis d'encaissement est rempli par la gare expéditrice pour la partie qui la concerne et épinglé au bulletin postal qui est adressé à la gare destinataire.

Le montant du remboursement est mentionné sur le carnet mod. 192 au moment de l'inscription sur ce carnet.

Vous verrez dans *l'instruction n°884* dans quel cas sont utilisées les vignettes « Apport à la gare », « Livraison par express », ainsi que les « Avis de réception ».

Les gares demandent les bulletins postaux, vignettes, etc., sur l'imprimé mod. 1001, par l'intermédiaire de l'Arrondissement.

Approvisionnement, Décompte.

Ils sont envoyés aux gares par le Service du Petit Matériel et des Impressions. Dès réception, et après vérification de l'envoi, la gare se débite du montant de la valeur des bulletins reçus, sur la Situation générale, et augmente le solde débiteur des bulletins postaux.

Le coupon intitulé « accusé de réception » adhérent à la demande est signé par l'agent comptable des bulletins, visé par le Chef de gare et adressé au Service du Petit Matériel et des Impressions par l'intermédiaire de l'Arrondissement.

Les gares à faible trafic postal, désignées par l'Inspecteur Principal Chef d'Arrondissement, adressent leurs demandes aux gares importantes les plus rapprochées chargées de les approvisionner. L'envoi est fait avec reprise en débours du montant de la valeur des bulletins postaux, vignettes, etc.

Au fur et à mesure de leur réception, les bulletins postaux sont enregistrés sur le carnet de décompte mod. 377, qui comporte une colonne pour chaque nature de valeur et fait ressortir le solde accusé par la Situation générale.

Tous les jours, le décompte des bulletins postaux vendus est établi sur le carnet mod. 377, qui fait ressortir le solde nouveau à reporter sur la Situation générale.

Le montant des bulletins postaux vendus est inscrit tous les jours au débit du livre de caisse.

Lorsque la gare d'arrivée reçoit un colis postal accompagné de son bulletin, le facteur en fait la reconnaissance en rapprochant les renseignements inscrits sur le bulletin postal de ceux inscrits sur l'adresse du colis.

Opérations de la gare d'arrivée.

Le colis est ensuite placé dans le magasin et le bulletin est inscrit sur le carnet de livraison mod. 241, s'il est livrable en gare, et sur le bordereau mod. 241 PC, s'il est livrable à domicile, avec tous les renseignements que comportent les imprimés.

Si le colis est livrable en gare, le destinataire est avisé (1) de l'arrivée du colis par l'envoi d'une lettre d'avis mod. 245, affranchie, et quand il se présente, on lui remet le colis après l'avoir fait signer dans la colonne émargement du carnet mod. 241, en regard de l'inscription du bulletin, et après avoir encaissé les frais dus, frais de lettres d'avis, remboursement et, le cas échéant, le magasinage et autres frais.

---

(1) Si le destinataire n'a pas remis à la gare une dispense générale d'avis d'arrivage.

On indique ensuite, dans les deux colonnes précédant celle de l'émargement, la date de livraison, et, le cas échéant, la date du retour de l'avis d'encaissement.

Si le colis est livrable à domicile, il est remis en même temps que le bordereau mod. 241 PC, au correspondant qui, après avoir livré le colis, vient régler à la gare les sommes encaissées.

Lorsqu'un colis primitivement adressé en gare est livré à domicile suivant ordre de l'expéditeur ou du destinataire, la livraison est faite en inscrivant le colis sur le bordereau mod. 241 PC et contre paiement de la taxe de factage par le destinataire. Dans la colonne émargement du carnet mod. 241 on porte la mention « livré bordereau n°   ».

Cette taxe est inscrite sur le livre de caisse et portée au débit de la Situation générale sous la rubrique « Factage éventuel sur colis postaux ».

On opère de même s'il est effectué une deuxième livraison à domicile d'un colis postal déjà présenté et qui n'a pu être livré de la faute de l'expéditeur ou du destinataire.

Lorsqu'un colis postal est contre remboursement, à la livraison au moment de l'encaissement, il y a lieu de remettre au destinataire le coupon adhérent à la partie de gauche du bulletin avis d'encaissement intitulé « Récépissé à remettre au destinataire du colis après encaissement du remboursement ».

Tous les jours, la gare destinataire remplit la partie des avis d'encaissement qui lui est réservée pour les remboursements encaissés dans la journée, et les retourne à la gare expéditrice après les avoir inscrits sur le carnet d'expédition mod. 192.

Tous les jours, l'addition du carnet mod. 241 ou 241 PC fait connaître le nombre de colis postaux reçus.

Ces chiffres, reportés sur une page en blanc laissée en tête de chaque mois, permettent, en fin de mois, d'obtenir la récapitulation mensuelle des colis reçus.

Les bulletins postaux sont griffés par la gare d'arrivée (avec la griffe à date), ils sont classés par coupure de poids et par zone et, pour chaque coupure ou zone, par espèce de bulletin (en gare ou à domicile).

Ils sont ensuite relevés sur un état mod. 20^{cc} 247^{po} et adressés, en fin de mois, à l'Administration centrale.

Les bulletins postaux égarés doivent être remplacés par des duplicata établis à l'arrivée sur mod. 264^{po} 18^{cc}.

En cas de litige, les gares ne doivent jamais conserver les bulletins postaux originaux, mais seulement des duplicata (copie exacte du bulletin postal original).

Les nombres de bulletins (duplicata compris) de chaque coupure ou zone inscrits sur le relevé mod. 20^{cc} 247vo doivent correspondre aux nombres donnés par la récapitulation mensuelle faite sur les carnets de livraison mod. 241 ou 241^{pc}.

Règlement avec le Correspondant. — Tous les mois, les gares règlent au correspondant les sommes qui lui sont dues pour la livraison à domicile des colis postaux français et internationaux.

Les gares se servent de l'état mod. 226 sur lequel elles retirent décharge du correspondant.

Elles versent ensuite le montant de leur découvert en compte-courant sur le Bureau des Recettes avec bordereau mod. 212.

COLIS POSTAUX INTERNATIONAUX

Le transport des colis postaux en provenance ou à destination de l'étranger est réglementé par *l'Instruction n° 885*.

Le transport des colis postaux internationaux doit toujours être payé **Gare de départ.** au départ et ne peut pas être grevé de débours.

Pour l'envoi d'un colis postal à l'étranger, l'expéditeur doit présenter, en même temps que le colis, un bulletin postal de couleur blanche timbré comprenant deux parties.

La partie de gauche constitue le contrat de transport.

La partie de droite constitue le récépissé à l'expéditeur.

L'expéditeur a intérêt à indiquer, au verso du bulletin d'expédition, dans le cadre à ce destiné, la manière dont il entend disposer du colis, au cas où la livraison ne pourrait être effectuée. Cette annotation doit être reproduite sur le colis même et libellée en français ou dans une langue connue dans le pays de destination. L'expéditeur est autorisé à interdire, au moyen d'une annotation appropriée sur le bulletin d'expédition et sur le colis, toute réexpédition qui pourrait être demandée par le destinataire.

Après avoir pesé le colis, le facteur cherche la taxe à appliquer sur la liste alphabétique, suivant le pays de destination, et l'inscrit sur le bulletin et le récépissé à l'expéditeur.

Il appose la griffe à date dans la case réservée à cet effet sur le bulletin postal et sur le récépissé à l'expéditeur et remet ce dernier en encaissant la taxe, plus le droit de statistique, la taxe pour le développement du commerce extérieur, le droit de permis et, le cas échéant, le droit de péage.

Il détache ensuite du carnet d'étiquettes spéciales doubles numérotées mod. 190 une double étiquette portant le même numéro, en colle une sur le colis et l'autre sur le bulletin, après avoir indiqué la destination et avoir apposé sa griffe sur chacune d'elles.

Il indique ensuite sur le bulletin le point de sortie de France avec les points de transit et appose sur le colis des étiquettes spéciales indiquant les mêmes renseignements.

L'expéditeur a aussi à fournir un nombre de déclarations de douane suivant le pays de destination, d'après les renseignements de la liste alphabétique.

Le bulletin postal est ensuite inscrit sur le carnet d'expéditions mod. 193, sur lequel on inscrit la taxe perçue, non compris le droit de timbre qui a été perçu en vendant le bulletin postal à l'expéditeur.

Il est ensuite adressé avec les déclarations de douane au point de sortie de France en même temps que le colis.

Les colis postaux internationaux peuvent être expédiés avec valeur déclarée ou contre remboursement si les pays de destination acceptent ces modes d'expéditions.

Les taxes dues pour déclaration de valeur ou pour le retour des fonds du remboursement sont perçues au départ sans qu'il soit fait usage de vignettes ni de bulletins avis d'encaissement comme pour la France continentale.

Lorsqu'un colis est grevé de remboursement, on établit un modèle d'avis d'encaissement spécial appelé « Mandat H ».

Dans le régime international, on peut expédier trois colis avec le même bulletin postal, pourvu que les trois colis soient de la même coupure.

Dans ce cas, les trois numéros des colis sont superposés sur le bulletin postal et la taxe perçue s'applique aux trois colis.

Gare d'arrivée.

Lorsqu'une gare reçoit un colis postal en provenance de l'étranger, le facteur fait le rapprochement des renseignements indiqués sur le bulletin postal de ceux indiqués sur le colis.

Il place ensuite le colis dans le magasin et inscrit le bulletin postal sur le carnet de livraison mod. 243 avec tous les renseignements que comporte l'imprimé.

Que le colis soit livrable en gare ou à domicile, la gare opère comme il a été dit pour les colis postaux de la France continentale, mais en percevant la taxe de factage lorsque cette taxe n'aura pas été perçue au départ pour ceux livrés à domicile.

Cette taxe sera inscrite sur le livre de caisse et portée au débit de la Situation générale sous la rubrique « Factage éventuel sur colis postaux ».

Il est perçu à la livraison des colis postaux en provenance de l'étranger un droit de timbre, un droit de statistique, une taxe pour le développement du commerce extérieur, un droit de permis et, le cas échéant, un droit de péage par colis.

Comptabilité.

Tous les jours, les taxes perçues sur colis postaux internationaux sont inscrites au débit du livre de caisse et la gare en prend débit à la Situation annexe sous la rubrique « Taxes perçues au départ », en cumulant la taxe, le droit de statistique, la taxe pour le développement du commerce extérieur, le droit de permis et, le cas échéant, le droit de péage.

Tous les jours, les droits de timbre, de statistique, de taxe pour le développement du commerce extérieur, de permis et de péage perçus à la livraison des colis en provenance de l'étranger sont inscrits au débit du livre de caisse et la gare en prend débit à la Situation annexe sous la rubrique « Droits de timbre perçus à l'arrivée ».

Etats de fin de mois.

Départ. — Tous les mois, il est fait un relevé d'expéditions mod. $\frac{21^{cc}}{195^{po}}$ ou $\frac{21^{cc}}{195^{po}\,bis}$ par coupure de poids et par bureau d'échange et par pays de destination ou de transit.

Les états mod. $\frac{21^{cc}}{195^{po}}$ sont récapitulés sur l'état mod. $\frac{23^{cc}}{196^{po}}$ qui donne le total des taxes perçues pendant le mois et qui doit être égal au chiffre de la Situation annexe.

Arrivée. — Les bulletins postaux internationaux sont classés par pays de provenance.

Ils sont ensuite récapitulés sur l'état mod. $\frac{25^{cc}}{248^{po}}$ qui fait ressortir le montant des sommes perçues pour droits de timbre, de statistique, de taxe pour le développement du commerce extérieur, de permis et de péage, et sont envoyés au Contrôle commun, suivant les instructions en vigueur.

Le total de l'état mod. $\frac{25^{cc}}{248^{po}}$ doit concorder avec le chiffre de la Situation annexe.

2ᵉ COLIS AGRICOLES (*Articles 447 à 467*)

Le transport des colis agricoles doit toujours être payé au départ et **Gare de départ.** ne peut pas être grevé de débours.

Il est accepté comme colis agricoles des colis de 10 à 20, 20 à 30 et 30 à 40 kilos, contenant les denrées indiquées au tarif.

L'expéditeur doit présenter en même temps que le colis à expédier un bulletin postal de couleur blanche, timbré, numéroté, composé de trois parties comme les bulletins postaux de la France continentale.

La partie de gauche, qui constitue le contrat de transport et la feuille de route accompagnant le colis, doit indiquer, en outre des renseignegnements du bulletin postal ordinaire, l'heure de la remise et le poids du colis.

Après avoir vérifié le poids du colis, le facteur indique la taxe perçue sur le bulletin et le récépissé à l'expéditeur.

Il appose la griffe à date dans la case réservée à cet effet sur le bulletin, le récépissé à l'expéditeur et l'étiquette d'acheminement.

Il détache ensuite le récépissé à l'expéditeur et le remet en encaissant le prix du transport.

Le tarif des colis agricoles prévoit que la livraison des colis est faite à domicile gratuitement dans les localités où il existe un service de factage.

Pour les colis à destination de localités où il n'existe pas de service de factage, ou lorsque l'expéditeur prescrit la livraison en gare, les prix du factage sont déduits des prix indiqués au tarif.

Le facteur indique ensuite sur le bulletin et sur l'étiquette d'acheminement le nom de la gare destinataire, celui du réseau destinataire et, le cas échéant, les points de transit.

Il détache ensuite l'étiquette qu'il appose sur le colis en même temps qu'une étiquette de provenance.

Il inscrit ensuite le bulletin sur le carnet d'expédition mod. $\dfrac{161^{\text{PO}},}{355^{\text{CC}}}$ sans distinction de réseau destinataire, en indiquant le numéro d'expédition sur le bulletin et en inscrivant la taxe perçue dans les colonnes 6, 7 ou 8, suivant le poids des colis.

Il est utilisé une série de numéros d'expéditions qui recommence à 1 le 1ᵉʳ janvier de chaque année. (Trafics intérieur et direct réunis).

Les taxes perçues sur colis agricoles (Trafic intérieur et direct) sont **Comptabilité.** comptabilisées en trafic direct.

Les gares les inscrivent tous les jours au débit du livre de caisse et s'en débitent à la situation annexe au titre « Colis agricoles ».

Le carnet mod. $\dfrac{161^{\text{PO}}}{355^{\text{CC}}}$ est établi au décalque. **Etats de fin de mois.**

Le premier feuillet, établi au crayon, sert d'état de fin de mois ; le deuxième, formant souche, reste à la gare pour constituer le carnet d'expéditions.

Tous les mois, il est fait une récapitulation qui constitue les états de fin de mois qui sont adressés au Contrôle commun, à la date fixée.

Remboursements. Les colis agricoles peuvent être grevés de remboursements qui ne doivent pas dépasser :

300 francs pour les colis de la coupure de 20 kilos ;
450 francs pour les colis de la coupure de 20 à 30 kilos ;
600 francs pour les colis de la coupure de 30 à 40 kilos.

Le montant du remboursement est indiqué en toutes lettres sur le bulletin postal dans la grisaille et est indiqué pour mémoire dans la colonne 10 du mod. $\frac{161^{PO}}{355^{CC}}$

Pour les remboursements suivis sur les colis agricoles, l'expéditeur doit acquitter le coût d'un bulletin avis d'encaissement. Il est fait usage des bulletins avis d'encaissement utilisés pour les colis postaux à destination de la France continentale.

Les remboursements sont compris et comptabilisés dans les mêmes comptes que les remboursements de grande vitesse et les remboursements postaux, c'est-à-dire en trafic intérieur ou en trafic direct suivant le cas.

Gare d'arrivée. Les colis agricoles reçus par les gares destinataires sont, après reconnaissance, inscrits sur une partie du carnet de livraison des postaux ordinaires mod. 241, et la livraison a lieu dans les mêmes conditions que les postaux, soit en gare, soit à domicile, mais la lettre d'avis à adresser au destinataire doit être affranchie en utilisant la lettre d'avis mod. 209.

Etats de fin de mois. Les bulletins des colis agricoles doivent être conservés avec soin et classés par coupure et par Compagnie.

Ils sont griffés, dès réception, avec la griffe à date de la gare.

En fin de mois, il est établi un état mod. $\frac{207^{PO}}{365^{CC}}$ indiquant le nombre de colis reçus par Compagnie et par coupure, auquel sont joints les bulletins.

Le total de cet état doit être le même que celui de la récapitulation mensuelle, qui doit être faite sur le carnet de livraison mod. 241.

Les bulletins sont envoyés en fin de mois au Contrôle commun, joints à l'état mod. $\frac{207^{PO}}{365^{CC}}$

3° et 4° TRANSPORTS EN G. V. OU EN P. V.

Les transports en G. V. (grande vitesse) et en P. V. (petite vitesse) étant régis par les mêmes règles, nous allons les examiner en même temps.

Opérations de la gare de départ (*Articles 236 à 284 et 343 à 346*). L'expéditeur, en présentant ses colis, doit remettre une déclaration d'expédition qui constitue le contrat de transport.

Cette déclaration doit être établie :

En grande vitesse, sur la formule 157 A pour les colis messagerie, et sur la formule 157 B, couleur rose, pour les articles finances et valeurs ;

En petite vitesse, sur la formule 102.

Lorsque la déclaration n'est pas établie sur une de ces formules et qu'elle donne néanmoins toutes les indications nécessaires, elle est collée sur la partie supérieure de la formule réglementaire qui est utilisée comme feuille de route.

Le transport peut être en port payé ou en port dû.

Après avoir vérifié le poids des colis et les avoir étiquetés, le facteur établit la taxe due pour le transport des colis.

Si l'envoi est fait en port payé, il indique la taxe dans la colonne « Port payé », à gauche, et l'encaisse de l'expéditeur.

Si le transport est en port dû, il indique la taxe dans la colonne « Port dû », à droite.

Si l'expédition est grevée d'un débours, il est payé à l'expéditeur, porté dans la colonne « Débours » et totalisé avec les frais de transport dans la colonne « Port dû ».

Si l'expédition est grevée d'un remboursement, il y a lieu d'en indiquer le montant en face la rubrique « Remboursement », au-dessous du total du Port dû.

Il existe dans les gares quatre carnets d'expéditions, savoir :

Un carnet d'expéditions G. V., trafic intérieur, mod. 158 ;
Un carnet d'expéditions G. V., trafic direct, mod. 307 CC ;
Un carnet d'expéditions P. V., trafic intérieur, mod. 158 ;
Un carnet d'expéditions P. V., trafic direct, mod. 407 CC.

Il existe pour chacun de ces trafics une série d'étiquettes numéros d'expéditions, c'est-à-dire quatre séries.

Suivant que l'expédition est faite en G. V. ou en P. V., en trafic intérieur ou en trafic direct, on place sur le coin gauche supérieur de la déclaration d'expédition une étiquette numéro de la série voulue et la griffe de la gare.

Sur le coin supérieur de droite, on appose la griffe indiquant le numéro d'ordre de la gare.

On indique ensuite sur la déclaration d'expédition le nom de la gare destinataire, celui du réseau destinataire, et, le cas échéant, les points de transit.

On inscrit ensuite l'expédition sur le carnet d'expédition en y indiquant les renseignements que comporte l'imprimé et, le cas échéant, le montant du « Port payé » ou du « Débours payé ».

On établit ensuite les écritures, qui comprennent :

En G. V.
A. Le récépissé à remettre au destinataire ;
B. Le récépissé à remettre à l'expéditeur ;
C. La feuille registre d'expédition.

En P. V.
La feuille de chargement ;
A. Le récépissé au destinataire ;
B. Le récépissé à l'expéditeur ;
C. La feuille registre d'expédition.

Ces écritures sont établies par la méthode du décalque, soit à la main, soit à la machine à écrire.

Le récépissé au destinataire est joint à la déclaration d'expédition (1) qui est adressée à la gare destinataire comme feuille de route.

Le récépissé à l'expéditeur est remis à l'expéditeur s'il le demande.

Les feuilles registre d'expédition restent à la gare et doivent être classées

---

(1) On joint également à la déclaration d'expédition toutes les pièces remises par l'expéditeur et qui doivent suivre la marchandise. (Pièces de régie. Acquit-à-caution. Autorisation de transport, etc.).

dans l'ordre des numéros par trafic et par vitesse et être réunies par journée ou par mois, suivant l'importance des gares, pour constituer le registre des expéditions.

La feuille de chargement, appelée aussi bordereau de chargement sert en petite vitesse pour accompagner la marchandise.

Envoi des écritures et des colis.

En grande vitesse, les écritures sont adressées aux gares destinataires à découvert, par le premier train.

Les colis sont adressés aux gares destinataires par les trains désignés.

En petite vitesse, les écritures sont adressées aux gares destinataires, sous bande, le jour même, sauf celles destinées aux gares de la même section, qui sont placées avec le bordereau de chargement dans la feuille de tonnage des wagons qui emmènent les marchandises.

Les colis de petite vitesse sont toujours accompagnés de la feuille de chargement, qui est placée dans la feuille de tonnage du wagon transporteur.

Des instructions spéciales sont données aux gares par le Service du Mouvement pour l'envoi des écritures et des colis.

Lorsqu'une expédition est grevée de remboursement, la gare expéditrice doit établir une formule d'avis d'encaissement mod. 125, qui doit être jointe aux écritures envoyées à la gare destinataire.

Comptabilité.

Tous les jours, le montant des ports payés est inscrit sur le livre de caisse dans la colonne débit ; le montant des débours est inscrit dans la colonne crédit par vitesse et par trafic.

La gare prend débit sur la Situation générale des ports payés G. V. et P. V. du trafic intérieur et crédit des débours.

Elle prend débit sur la Situation annexe des ports payés et crédit des débours du trafic direct.

Les « Ports payés » et « Débours » G. V. et P. V. de chacun des trafics sont cumulés sur la Situation générale et la Situation annexe avec les « Ports payés » et « Débours » accusés par les carnets de renvoi des avis d'encaissement mod. $\dfrac{284^{\text{po}}}{322^{\text{gv}}\text{-}422^{\text{pv}}}$

Etats de fin de mois.

Les carnets d'expéditions mod. $158^{\text{po}}\text{-}307^{\text{cc}}$ et 407^{cc} étant établis au décalque, c'est la première feuille du carnet qui constitue le bordereau des expéditions du mois. La deuxième feuille reste à la gare.

Tous les jours, les totaux journaliers des « Ports payés » et « Débours » sont reportés sur une page en blanc réservée à cet effet au commencement de chaque mois.

En fin de mois, le total des colonnes « Ports payés » et « Débours » de cette récapitulation, auquel est ajouté le total des colonnes « Ports payés » et « Débours » du carnet de renvoi des avis d'encaissement mod. $\dfrac{284^{\text{po}}}{322^{\text{cc}}\text{-}422^{\text{cc}}}$ doit donner le total des « Ports payés » et « Débours », pris en charge à la Situation générale et à la Situation annexe.

Les récapitulations, auxquelles sont joints les bordereaux des expéditions, constituent les états de fin de mois.

Les bordereaux mod. 158 et 284^{po} avec la récapitulation G. V. et P. V. du trafic intérieur sont adressés au Bureau des Produits Marchandises le 5 de chaque mois.

Livre V

Les bordereaux mod. 307cc et 322cc, 407cc et 422cc, avec la récapitulation G. V. et P. V. du trafic direct sont adressés au Contrôle Commun le 11 de chaque mois.

———

Il existe dans les gares quatre livres d'arrivages :
Un livre pour le trafic intérieur G. V. mod. 206 ;
Un livre pour le trafic direct G. V. mod. 311 CC ;
Un livre pour le trafic intérieur P. V. mod. 204 ;
Un livre pour le trafic direct P. V. mod. 411 CC.

OPERATIONS DE LA GARE D'ARRIVEE *(Articles 287 à 305 et 347 à 407).*

Dès réception des écritures, la gare d'arrivée vérifie les taxes appliquées par la gare expéditrice et les rectifie, le cas échéant, suivant les instructions en vigueur, mais en ayant bien soin de toujours rectifier le récépissé au destinataire en même temps que la déclaration feuille de route et d'adresser un avis de redressement de taxe mod. 208 à la gare expéditrice.

Les récépissés aux destinataires sont classés dans deux cartons portant les inscriptions « En gare » et « En route » pour la grande vitesse et dans deux cartons analogues pour la petite vitesse.

Dans le premier, on place les récépissés aux destinataires pour lesquels on a reçu la marchandise.

Dans le deuxième, ceux se rapportant aux marchandises non encore parvenues.

Au fur et à mesure de la rentrée des colis, les récépissés sont passés du deuxième carton dans le premier.

Dans le premier carton, on peut même classer les titres dont les destinataires ont été avisés, dans une chemise spéciale, de façon à les trouver plus facilement pour effectuer la livraison ou pour compter le montant des timbres sur avis, qui doivent être tous les soirs comptés comme espèces en caisse à l'arrêté du livre de caisse.

En grande vitesse comme en petite vitesse, les déclarations d'expéditions sont classées dans l'ordre suivant : **Prise en charge.**
1° Celles du trafic intérieur ;
2° Celles du trafic direct (par Compagnie expéditrice).

Les déclarations feuilles de route du trafic intérieur sont inscrites sur les carnets mod. 206 pour la G. V., et mod. 204 pour la P. V.

Les déclarations feuilles de route du trafic direct sont inscrites sur le carnet mod. 311 CC pour la G. V. et mod. 411 CC pour la P. V., en réservant une page ou une partie de carnet par Compagnie, suivant l'importance des arrivages.

Il y a lieu de bien indiquer la date de prise en charge, mais si plusieurs articles sont pris en charge le même jour, la date ne doit être indiquée qu'une fois en face le premier article.

La gare d'arrivée n'est comptable que des « Ports dus » et des « Ports au delà ».

Au fur et à mesure de leur inscription sur les livres mod. 206-204, 311 CC ou 411 CC, les arrivages reçoivent un numéro d'ordre qui recommence à 1 tous les mois pour chaque livre et qui est reproduit sur les déclarations d'expéditions et sur les récépissés aux destinataires. Ce numéro, sur les 311 CC et 411 CC, est distinct par Compagnie.

La date de prise en charge doit être inscrite sur chaque déclaration d'expédition sur la ligne réservée à cet effet et sur le récépissé au destinataire.

Les livres d'arrivages sont composés de deux parties.

La partie de gauche, établie au décalque, comprend :
1° Le bordereau des arrivages ;
2° Le livre des arrivages.

Le bordereau des arrivages constitue les états de fin de mois ; le livre des arrivages, établi au décalque, reste à la gare.

La partie de droite qui est réservée à l'amortissement et à l'émargement du destinataire, comprend des colonnes pour l'amortissement, pour l'inscription du remboursement, de la taxe de retour de fonds, du magasinage, des frais d'avis, etc., et enfin une colonne émargement dans laquelle le destinataire signe pour constater qu'il a bien reçu l'envoi qui lui était destiné.

Les livres mod. 206 et 204 sont additionnés chaque jour et les totaux journaliers sont reportés sur une page réservée à cet effet au commencement de chaque mois pour faire la récapitulation du mois.

Les livres mod. 311 CC et 411 CC ne sont additionnés que par pages et récapitulés en fin de mois par pages et par Compagnie ; le montant de la prise en charge journalière par Compagnie s'obtient en additionnant en interligne ou dans la marge de droite du livre des arrivages pour être reporté ensuite sur les carnets mod. 206 ou 204 pour l'établissement des soldes.

Le total journalier des « Ports dus » inscrits sur les carnets mod. 206 ou 204 est pris en charge au débit de la Situation générale sous la rubrique « Ports dus G. V. » ou « Ports dus P. V. » suivant le cas.

Le total journalier des « Au delà » est pris au crédit de la Situation générale sous la rubrique « Au delà G. V. ou P. V. ».

Les ports dus et au delà du trafic direct inscrits sur les livres d'arrivages mod. 311 CC ou 411 CC sont pris en charge dans les mêmes conditions au débit ou au crédit de la Situation annexe.

Les ports dus et au delà G. V. et P. V. de chacun des trafics sont cumulés sur la situation générale et la situation annexe avec les ports dus et au-delà accusés par les carnets de rentrée des avis d'encaissement mod. $\dfrac{285^{\text{PO}}}{323^{\text{GV}}\text{-}423^{\text{PV}}}$

Période complémentaire.

Les arrivages d'un mois doivent comprendre toutes les expéditions qui appartiennent à ce mois d'après leurs dates d'expédition ; aussi, pendant la période du 1ᵉʳ au 10 de chaque mois, avant de les inscrire sur les livres des arrivages, les déclarations d'expédition doivent être divisées en deux groupes pour chaque vitesse et chaque trafic :

1° Celles appartenant par leur date au mois précédent ;
2° Celles appartenant au mois courant.

Les premières sont inscrites sur les livres à la suite des arrivages du mois précédent, en portant la mention « Période complémentaire » et en indiquant comme date de prise en charge : 30/1 ou 31/1, 30/2 ou 31/2, etc., etc.

Les secondes sont inscrites sur les livres du mois en cours.

Les ports dus et au delà de la période complémentaire sont pris en charge à la Situation générale et à la Situation annexe sous la rubrique « Ports dus G. V. ou P. V. » ou « Au delà G. V. ou P. V. », suivant la vitesse et le trafic, mais la rubrique « Période complémentaire » ouverte au bas du débit et du crédit de chaque situation.

Ports dus et au delà.

Les ports dus représentent le montant du transport augmenté, le cas échéant, des débours payés aux expéditeurs ; ils doivent être encaissés des destinataires au moment de la livraison.

La gare s'en débite à la Situation générale ou à la Situation annexe au fur et à mesure qu'elle reçoit les écritures.

Leur prise en charge à la Situation au débit augmente le solde des ports dus qui est diminué au fur et à mesure des encaissements par l'inscription des sommes encaissées au débit du livre de caisse.

Les au delà sont des sommes perçues au départ et destinées à payer à l'arrivée soit les frais de factage, de camionnage, de réexpédition, etc.

La gare s'en crédite à la Situation générale ou à la Situation annexe au fur et à mesure de la réception des écritures.

Leur prise en charge au crédit augmente le solde des au delà, qui est diminué au fur et à mesure de leur paiement, par l'inscription des sommes payées au crédit du livre de caisse.

Le solde des ports dus est débiteur, celui des au delà est créditeur, il représente des sommes à disposition.

Sur la partie établie au décalque et qui sert de livre des arrivages des carnets mod. 206 G. V. et 204 P. V., la gare établit tous les jours les soldes journaliers G. V. et P. V. à inscrire sur la Situation générale comme justification du débit de la gare. **Etablissement des soldes.**

Au total des arrivages du jour est ajouté le montant des au delà et ports dus du trafic direct et le solde de la veille pour obtenir le débit général de la gare.

On déduit de ce débit général le crédit du jour et on obtient le solde débiteur du jour nouveau. Voir exemple page 49.

Le crédit du jour est obtenu dans les stations par l'addition des articles livrés inscrits au débit du livre de caisse par journée d'arrivage pour les ports dus, et au crédit du livre de caisse pour les au delà.

Toutes les sommes inscrites au débit des arrivages sont représentées par un titre (récépissé au destinataire ou autre) indiquant la même somme, de sorte que, tant qu'une marchandise n'a pas été livrée, le titre doit rester dans les cartons « En gare » ou « En route » et l'addition de tous les titres G. V. doit donner le total du solde G. V., et l'addition de tous les titres P. V. doit donner le total du solde P. V. (ports dus et au delà).

La livraison d'une marchandise peut être faite en gare ou à domicile, suivant la demande formulée par l'expéditeur sur sa déclaration d'expédition, étant bien entendu que la livraison à domicile n'a lieu que dans les localités où ce mode de livraison est utilisé. **Livraison.**

Si la livraison doit être faite en gare, il doit être envoyé au destinataire le plus tôt possible une lettre d'avis mod. 209 affranchie. **En gare.**

La taxe de cet affranchissement doit être ajoutée sur le récépissé et encaissée du destinataire au moment de la livraison.

Lorsque le destinataire se présente pour prendre livraison, on indique le montant du port dû dans une des colonnes d'amortissement du livre d'arrivages, en tête de laquelle on a porté la date de la livraison.

On additionne ensuite ce port dû avec les autres sommes à encaisser : remboursement, taxe de retour de fonds, lettres d'avis, magasinage, etc., et on indique le total dans la colonne « Total liquidé ou encaissé » et on fait signer le destinataire ou son mandataire dans la dernière colonne, après avoir encaissé.

Tous les jours, on additionne par journée d'arrivages les colonnes d'amortissement de la journée et les totaux constituent les éléments de la récapitulation du crédit par journée de débit à inscrire sur le livre de caisse mod. 356.

Le total de cette récapitulation est le crédit du jour.

Les sommes perçues au titre magasinage sont inscrites, au fur et à mesure des encaissements, sur le livre de caisse mod. 356.

A domicile. Si la livraison doit être faite à domicile, au fur et à mesure de l'arrivée des marchandises, les articles sont passés au bordereau de factage ou de camionnage mod. 222, à l'aide des récépissés aux destinataires.

Il est recommandé de bien indiquer sur les bordereaux ainsi que sur les récépissés les sommes réellement dues, de façon que le camionneur ne puisse réclamer au destinataire que la somme indiquée sur ces pièces.

Quand le correspondant se présente, on arrête le bordereau qu'on lui remet en même temps que les récépissés et les marchandises, contre émargement sur la souche du bordereau.

Lorsque le camionneur a terminé sa tournée pour la grande vitesse et dans les délais prescrits pour la petite vitesse, il remet le bordereau à la gare et verse le montant des ports dus, remboursements et autres frais encaissés, déduction faite des au delà qui lui reviennent.

Au moment de cette remise du bordereau, il y a lieu d'examiner si tous les destinataires ont bien donné l'émargement.

Les sommes encaissées du camionneur sont émargées sur les livres d'arrivages dans les mêmes conditions que pour les articles livrés en gare, mais, aux lieu et place de la signature du destinataire, on indique la mention (bordereau n°.....).

Les envois G. V. et P. V. grevés de remboursements livrables à domicile, donnent lieu à la perception d'une taxe pour l'apport des fonds du domicile du destinataire à la gare d'arrivée.

Expéditions a d r e s- **sées à domicile** Certains destinataires demandent de prendre livraison en gare ou de faire enlever par des mandataires des expéditions qui leur sont adressées à **dont la livraison a** domicile. **lieu en gare.**

Les gares doivent déférer à cette demande.

Cependant, lorsqu'il s'agit d'expéditions en port payé, la gare destinataire n'ayant pas l'emploi de l'au delà pour le transport à domicile qui lui a été alloué par la gare de départ, doit en prendre charge aux recettes à différents titres, à moins que le destinataire ou son représentant n'en réclame le montant.

Dans ce cas, la gare effectue le paiement de l'au delà contre signature pour acquit, donnée par la partie prenante, dans la colonne « Emargement » des carnets de livraison.

Réexpédition. Lorsqu'un colis ou une marchandise est livrable à domicile dans une localité desservie par réexpédition, les articles sont inscrits, dès leur arrivée, sur un bordereau de réexpédition mod. 220 ou 221.

Le correspondant doit payer le montant des ports dus en prenant le bordereau et les marchandises, déduction faite des au delà.

Il ne paye le montant des remboursements que lorsqu'il les a encaissés du destinataire.

Il peut y avoir, en outre, des articles livrés en compte-courant avec le Bureau des Recettes, ou réexpédiés sur une autre destination.

Dans ce cas, on remplit les colonnes d'amortissement comme pour les autres articles, mais en indiquant dans la colonne émargement, la mention « Compte-courant du   , n°   . Réexpédié à   , le   , n°   ».

Livre V

Les ports dus et autres frais liquidés dans ces conditions et par suite non encaissés sont compris tout de même dans le total du crédit du jour, mais ils sont compensé dans la colonne crédit du livre de caisse par des sommes équivalentes, sous la rubrique « Compte-courant » ou « Débours », dans le cas de réexpédition.

Trafic intérieur. — Nous avons dit qu'il était laissé une page en blanc, au commencement de chaque mois, sur les carnets mod. 206 G. V. et 204 P. V., pour faire une récapitulation. **Etats de fin de mois.**

Cette récapitulation additionnée à laquelle est ajouté le total des ports dus et au delà accusés par le carnet de rentrée des avis d'encaissement mod. 285ᵖᵒ, doit donner le total des ports dus et au delà pris en charge dans le mois considéré ; ce total doit être d'accord avec les chiffres de la situation générale.

La récapitulation mod. 206 donne le total des ports dus et au delà G. V.

La récapitulation mod. 204 donne le total des ports dus et au delà P. V.

Les déclarations d'expéditions reçues, classées dans l'ordre où elles sont inscrites sur les bordereaux des arrivages, sont adressées, en fin de mois, avec les bordereaux 206, 204 et 285 et la récapitulation, à l'Administration centrale (Bureau des Produits Marchandises).

Trafic direct. — Sur les carnets mod. 311 CC et 411 CC, nous avons dit qu'il devait être réservé une page ou une partie de carnet par Compagnie expéditrice.

A la fin de la période mensuelle, chaque page est additionnée et donne le total des arrivages en provenance de chaque Compagnie.

S'il a été utilisé plusieurs pages pour une Compagnie, elles sont numérotées 1, 2, 3, etc., et il en est fait une récapitulation sur une feuille du même modèle réservée à cet effet et portant la mention « Récapitulation par pages »

Il est fait ensuite une récapitulation générale des totaux par Compagnie expéditrice sur des imprimés 312 CC pour la G. V. et 412 CC pour la P. V.

Les totaux des ports dus et au delà accusés par le carnet de rentrée des avis d'encaissement mod. 323 G. V. et 423 P. V., sont reportés à la récapitulation mod. 312 G. V. et 412 P. V. en regard de la rubrique « Frais de retour des fonds des remboursements », de façon à obtenir le total général des ports dus et au delà pris en charge dans le mois considéré ; ce total doit être d'accord avec les chiffres de la situation annexe.

Les déclarations d'expéditions reçues, classées dans l'ordre où elles sont inscrites sur les bordereaux des arrivages et par Compagnie, sont adressées au Contrôle commun avec les états mod. 311 CC, 323 CC et 312 CC pour la G. V., 411 CC, 423 CC et 412 CC pour la P. V.

Lorsque des pièces d'expéditions du mois précédent parviennent après la clôture des opérations de ce mois à la gare destinataire, cette gare inscrit ces expéditions sur les comptes des arrivages du mois en cours, mais en ayant soin d'affecter à l'inscription de ces envois une page spéciale des livres d'arrivages mod. 206 et 204, et, s'il s'agit du Contrôle commun, une page distincte par réseau, en tête de laquelle doit être portée la mention « Arrivages attardés ». **Arrivages attardés.**

La prise en charge est groupée sur la Situation avec celle du mois en cours.

5.

Justification des soldes.

J'ai expliqué que l'addition des ports dus indiqués par les titres G. V. ou P. V. devait donner le total du solde indiqué par la Situation générale.

Il est recommandé de faire cette justification le plus souvent possible, mais au moins tous les dix jours.

Cette justification se fait généralement avec les livres d'arrivages et par journées d'arrivages, en indiquant pour chaque journée, au bas de la colonne d'amortissement, au-dessous de l'addition des sommes émargées, le montant des sommes non émargées ; ce chiffre s'obtient par la soustraction de la somme émargée de celle prise en charge à la journée.

Quand une journée est complètement émargée, on indique au-dessous de la dernière colonne d'émargement la mention « soldé ».

La justification du solde doit être faite sur les livres d'arrivages mod. 206 pour la G. V. et 204 pour la P. V.

Pour les remboursements, cette justification est faite sur le carnet des remboursements reçus, mod. 175.

La justification des soldes doit être faite sur le carnet de mouvement des soldes mod. 415, par les gares autorisées à utiliser ce carnet.

REMBOURSEMENTS (1) (*Articles 311 à 341*)

Nous avons vu que des remboursements pouvaient grever des expéditions faites comme colis postal, colis agricole, messagerie ou petite vitesse et que chacune de ces expéditions devait être accompagnée d'un avis d'encaissement.

Pour les colis postaux et les colis agricoles, il est fait usage d'un bulletin avis d'encaissement payé par l'expéditeur.

Pour les remboursements internationaux, il est utilisé un avis d'encaissement spécial appelé mandat H.

Il n'en est pas de même en ce qui concerne les transports en grande et petite vitesse, l'expéditeur pouvant laisser la taxe du retour des fonds à la charge du destinataire, il a été créé une formule avis d'encaissement mod. 125, qui comporte une souche, un avis d'encaissement, un récépissé à remettre au destinataire des fonds et un coupon avis d'encaissement.

L'imprimé indique quelles sont les parties qui doivent être remplies par la gare expéditrice et celles qui doivent l'être par la gare destinataire.

Si le retour des fonds est à la charge du destinataire, la gare d'arrivée encaisse la taxe de retour de fonds et expédie l'avis d'encaissement en port payé, à la gare expéditrice, après l'avoir dûment rempli.

Si le retour des fonds est à la charge de l'expéditeur, la gare destinataire encaisse le montant net du remboursement et expédie l'avis d'encaissement en port dû.

La gare de départ qui reçoit l'avis d'encaissement en port payé paye le montant du remboursement net à l'expéditeur.

Si elle reçoit l'avis d'encaissement en port dû, elle paye le remboursement, déduction faite du montant du retour de fonds, dont elle se débite au titre port dû.

---

(1) Il est recommandé pour toutes les expéditions contre remboursement, d'apposer une étiquette rouge « Remboursement » mod. 188, sur la déclaration d'expédition ou bulletin postal et sur les colis.

Nous allons examiner quelles sont les différentes opérations comptables relatives aux remboursements.

Tous les remboursements émis, postaux, colis agricoles, G. V. ou **Emission.**
P. V., sont inscrits dans leur ordre de date, sur le carnet d'émission des
remboursements émis et amortis mod. $\overline{320^{\text{GV}}\text{-}420^{\text{PV}}}^{\,168^{\text{PO}}}$

Il est utilisé dans chaque trafic, un carnet pour les remboursements de la grande vitesse (postaux, agricoles, messageries) et un carnet pour les remboursements de la petite vitesse. Toutefois, dans les gares où les services G. V. et P. V. sont assurés par le même agent, tous les remboursements du *trafic intérieur* (postaux, agricoles, G. V. et P. V.) sont inscrits sur le même carnet de remboursements émis et amortis mod. 168^{PO}.

Ce carnet se compose de deux feuillets établis simultanément au décalque.

Le premier feuillet, qui forme le bordereau des remboursements émis et amortis est détaché en fin de mois et envoyé au Bureau des Recettes pour le trafic intérieur et au Contrôle Commun pour le trafic direct.

Le deuxième feuillet reste à la gare et constitue le carnet des remboursements.

Chaque remboursement inscrit reçoit par vitesse et par trafic un numéro d'ordre appelé numéro d'émission qui recommence à 1 le 1ᵉʳ janvier de chaque année et se continue sans interruption toute l'année.

Ce numéro d'émission est reporté sur l'avis d'encaissement et sur le coupon d'avis d'encaissement, et, pour la G. V. et la P. V., sur la souche de l'avis d'encaissement mod. 125.

On indique dans la colonne « Observations » du carnet mod. $\overline{320^{\text{GV}}\text{-}420^{\text{PV}}}^{\,168^{\text{PO}}}$ par des abréviations, s'il s'agit de remboursement : (P. Postal) (G. V. Messageries) (P. V. Petite Vitesse).

Les remboursements suivis sur les colis postaux et les colis agricoles **Prise en charge à la**
sont inscrits sur le carnet de livraison mod. 241 ; ceux suivis sur des **gare destinataire.**
expéditions de grande ou de petite vitesse sont inscrits sur les livres des arrivages, dans la colonne Remboursements ouverte sur chacun de ces livres.

Tous ces remboursements sont inscrits sur le carnet de Remboursements reçus mod. $\overline{321^{\text{GV}}\text{-}421^{\text{GV}}}^{\,175^{\text{PO}}}$ en indiquant dans la colonne « Observations », par des abréviations, s'il s'agit de remboursement postal, G. V. ou P. V.

Il est utilisé, dans chaque trafic, un carnet pour les remboursements de la grande vitesse (postaux, agricoles, messageries) et un carnet pour les remboursements de la petite vitesse.

Toutefois, dans les gares où les services G. V. et P. V. sont assurés par le même agent, tous les remboursements *du trafic intérieur* sont inscrits sur le même carnet de remboursements reçus mod. 175^{PO}.

Ce carnet se compose de deux feuillets établis simultanément au décalque.

Le premier feuillet, qui forme le « Bordereau des Remboursements reçus », est détaché en fin de mois et adressé au Bureau des Recettes, pour le trafic intérieur, et au Contrôle Commun pour le trafic direct.

Le deuxième feuillet reste à la gare et constitue le carnet des remboursements reçus.

Chaque remboursement inscrit reçoit dans la colonne ouverte à ce sujet un numéro d'ordre qui constitue le numéro de prise en charge.

Ce numéro d'ordre qui recommence à 1 tous les mois est reporté sur le coupon avis d'encaissement avec tous les autres renseignements qu'il comporte. La gare destinataire appose sur ce coupon son timbre à date, d'une manière très lisible, et le détache de l'avis d'encaissement.

Les coupons ainsi détachés sont classés dans l'ordre dans lequel ils ont été enregistrés, pour être envoyés, en fin de mois, au Bureau des Recettes ou au Contrôle Commun, joints aux bordereaux mod. 175ᴾᴼ, 321ᶜᶜ G. V. ou 421ᶜᶜ P. V.

Si, pour une raison quelconque, il manque des coupons avis d'encaissement, il doit être établi des duplicata sur mod. 125ᵇⁱˢ.

En fin de journée, les totaux des remboursements inscrits sur le carnet mod. 175ᵛᵒ sont pris en charge au débit de la Situation générale sous la rubrique « Remboursements à encaisser » ; ceux des remboursements inscrits sur les carnets mod. 321 G. V. ou 421 P. V. sont pris en charge au débit de la situation annexe, sous la rubrique « Remboursements reçus G. V. ou P. V. ».

Etablissement du solde journalier.	Le solde journalier des remboursements à encaisser à porter sur la Situation générale dans la justification du solde débiteur de la gare s'obtient de la même façon que celui des ports dus. Voir pages 31 et 49. Les avis d'encaissement étant conservés jusqu'à l'encaissement, l'addition du montant des avis d'encaissement en carton doit donner le même chiffre que la rubrique « Remboursements à encaisser » de la Situation générale.
Période complémentaire.	Les remboursements doivent être pris en charge au compte du mois auquel ils se rapportent par leur date d'émission. Pendant la période du 1ᵉʳ au 10 de chaque mois, les remboursements du mois précédent sont inscrits sur le mod. 175ᴾᴼ, 321 G. V. ou 421 P. V. du mois précédent après l'inscription « Période complémentaire » ; ceux du mois courant sont inscrits sur le mod. 175ᴾᴼ, 321 G. V. ou 421 P. V. du mois en cours. Les totaux journaliers sont pris en charge au débit de la Situation générale ou de la situation annexe comme remboursements à encaisser de la période complémentaire ou du mois courant, suivant le cas.
Remboursements attardés.	Si les écritures ne parviennent qu'après le 10, date de l'arrêté des comptes du mois précédent, la gare destinataire inscrit le remboursement sur une page spéciale du carnet mod. 175ᴾᴼ, 321 G. V. ou 421 P. V. du mois en cours portant en tête la mention « Remboursements attardés ». Cette mention est reproduite sur le coupon avis d'encaissement. La gare doit prévenir le Bureau des Recettes ou le Contrôle Commun de la prise en charge tardive de ces remboursements pour éviter une rectification au débit.

LIVRE V

Dès que la gare destinataire a encaissé le montant d'un remboursement, elle doit l'inscrire sur son livre de caisse et indiquer sur le bordereau
mod. 175po, 321 G. V., ou 421 P. V., la date de l'encaissement dans la
colonne ouverte à ce sujet. **Encaissement.**

Le total des remboursements encaissés, inscrits sur le livre de caisse,
donne le montant du crédit destiné à l'établissement du solde.

La gare complète l'avis en inscrivant les indications prévues par l'imprimé sous le titre « Partie à remplir par la gare destinataire de la marchandise », le montant du remboursement inscrit en toutes lettres, sans
rature ni surcharge, la griffe à date nettement appliquée, et le retourne à
la gare expéditrice le jour même de l'encaissement par la voie la plus
directe. **Retour de l'avis d'en-
caissement.
Carnet de renvoi
des avis d'encais-
sement** (*Article
345bis*).

Le récépissé à remettre au destinataire des fonds, adhérant à l'avis
d'encaissement mod. 125, qui constitue les écritures relatives au retour des
fonds, doit être rempli avec soin au moment du renvoi de l'avis d'encaissement à la gare expéditrice de la marchandise. Lorsque l'avis d'encaissement à retourner ne comporte pas de récépissé, il est établi un mod. 283
qui en tient lieu.

Les avis d'encaissement postaux et agricoles sont inscrits au retour sur
le carnet d'expédition des postaux mod. 192, le numéro du bulletin d'avis
d'encaissement servant de numéro d'expédition.

Ils sont inscrits par la gare expéditrice sur le carnet de livraison des
postaux mod. 241 dès réception.

Tous les avis d'encaissement G. V. et P. V. retournés en port payé
ou en port dû sont inscrits sur le carnet de renvoi des avis d'encaissement
mod. $\frac{284^{po}}{322^{cc}-422^{cc}}$

Il est utilisé dans chaque trafic, un carnet pour les remboursements de
la grande vitesse (messageries), et un carnet pour les remboursements de
la petite vitesse.

Ce carnet se compose de deux feuillets établis simultanément au
décalque.

Le premier feuillet qui forme le bordereau de renvoi des avis d'encaissement est détaché en fin de mois et adressé au Bureau des Produits marchandises pour le trafic intérieur et au Contrôle Commun pour le trafic
direct.

Le deuxième feuillet reste à la gare et constitue le carnet de renvoi des
avis d'encaissement.

Chaque remboursement inscrit reçoit, par vitesse et par trafic, un
numéro d'expédition qui recommence à 1 le 1er janvier de chaque année et
se continue sans interruption toute l'année.

Ce numéro est reporté sur l'avis d'encaissement et sur le récépissé à
remettre au destinataire des fonds.

Les ports payés et débours G. V. et P. V. inscrits sur les carnets de
renvoi des avis d'encaissement, sont cumulés tous les jours avec les ports
payés et débours G. V. et P. V. ordinaires de chacun des trafics, pour être
pris en charge au débit ou au crédit de la situation générale et de la situation annexe.

En fin de mois, les totaux de la récapitulation, faite sur chacun des
carnets mod. 284ro G. V. et P. V., 322cc et 422cc, sont reportés à la récapitulation mensuelle de chacun des carnets mod. 158 G. V. et P. V., 307cc et

407^{cc}, pour obtenir le total général des ports payés et débours du mois pris en charge à la situation générale et à la situation annexe.

Afin d'éviter que les avis d'encaissement en retour s'égarent en cours de route, il a été créé un type d'enveloppes, couleur ocre, mod. 230, utilisées en trafic intérieur et en trafic direct pour le renvoi de tous les avis d'encaissement (postaux, G. V. et P. V.).

Paiement du remboursement à l'expéditeur.

Dès la réception de l'avis d'encaissement, la gare expéditrice après s'être assurée de la régularité de la pièce, avise l'expéditeur qu'elle tient le montant du remboursement à sa disposition, si le paiement doit être effectué en gare.

Elle utilise à cet effet la lettre d'avis 245bis, affranchie pour les avis d'encaissement postaux et la lettre d'avis mod. 216, affranchie pour les avis d'encaissement G. V. ou P. V.

Le montant du remboursement est payé à l'expéditeur ou à son fondé de pouvoirs contre signature donnant décharge du montant réel du remboursement, en opérant comme il a été dit plus haut, dans le cas où le retour a été fait en port payé ou en port dû (page 34).

Au moment du paiement, le récépissé à remettre au destinataire des fonds adhérant à l'avis d'encaissement, est détaché pour être remis à l'expéditeur avec le montant du remboursement.

Si le paiement du remboursement doit avoir lieu au domicile de l'expéditeur, la gare établit un bordereau de factage, mod. 222 spécial, et le remet au correspondant en même temps que l'avis d'encaissement et au besoin avec les fonds nécessaires pour lui permettre d'effectuer le paiement.

A son retour, le correspondant règle le bordereau, en remettant en même temps l'avis d'encaissement, qui doit comporter la décharge régulière de l'expéditeur.

Au fur et à mesure du paiement à l'expéditeur, les remboursements sont inscrits sur le livre de caisse dans la colonne « Crédit ».

Tous les jours, la gare se crédite du montant des remboursement payés ou annulés, ceux du trafic intérieur à la situation générale sous la rubrique « Remboursements amortis », ceux du trafic direct, à la situation annexe sous la rubrique « Remboursements payés ou annulés, G. V. ou P. V. ».

Carnet de rentrée des avis d'encaissement (*Article* 348bis).

Au fur et à mesure du paiement des remboursements G. V. et P. V. aux expéditeurs, la gare expéditrice enregistre sur le carnet de rentrée des avis d'encaissement mod. $\dfrac{285^{po}}{323^{cc}\text{-}423^{cc}}$, les avis d'encaissement qui lui ont été retournés en port dû ou avec au delà.

L'inscription des ports dûs et des au delà doit être faite sur ce carnet dès l'encaissement des ports dûs ou le paiement des au delà aux ayants droit.

Les avis d'encaissement G. V. et P. V. renvoyés en port payé sans au delà ne doivent pas être inscrits sur ce carnet.

Il est utilisé dans chaque trafic, un carnet pour les remboursements de la grande vitesse (messageries) et un carnet pour les remboursements de la petite vitesse.

Ce carnet se compose de 2 feuillets établis simultanément au décalque.

Le premier feuillet qui forme le bordereau de rentrée des avis d'encaissement est détaché en fin de mois et adressé au Bureau des Produits Marchandises pour le trafic intérieur, et au Contrôle Commun pour le trafic direct.

Le deuxième feuillet reste à la gare et constitue le carnet de rentrée des avis d'encaissement.

Chaque remboursement inscrit reçoit, par vitesse et par trafic, un numéro d'ordre qui, pour les avis d'encaissement retournés en port dû, doit être reporté sur l'avis correspondant à la rubrique « Prise en charge des frais de retour des fonds par la gare de   n°   du   ».

Chaque série commence à 1 le premier janvier et finit le 31 décembre de chaque année.

Les ports dus et au delà G. V. et P. V. inscrits sur les carnets de rentrée des avis d'encaissement, sont cumulés tous les jours avec les ports dus et au delà ordinaires de chacun des trafics pour être pris en charge au débit ou au crédit de la situation générale et de la situation annexe.

En fin de mois, les totaux de la récapitulation faite sur chacun des carnets mod. 285^{po} G. V. et P. V., 323^{cc} et 423^{cc}, sont reportés à la récapitulation mensuelle des arrivages mod. 206, mod. 204, 312^{cc} et 412^{cc}, pour obtenir le total général des ports dus et au delà du mois pris en charge à la situation générale et à la situation annexe.

A la réception des avis d'encaissement, la gare de départ indique la **Amortissement.** date de cette réception dans la colonne 15 du bordereau mod. 168ro, 320^{cc} ou 420^{cc}, et après paiement ou à la rentrée des remboursements annulés, elle inscrit le montant des remboursements payés ou annulés dans les colonnes 10 à 12.

Elle indique la date du paiement des remboursements dans la colonne 16.

Les remboursements émis dans le mois courant et payés ou annulés dans ce même mois sont amortis dans les colonnes 10 et 11, alors que les remboursements payés ou annulés du 1er au 10 de chaque mois et émis dans les mois précédents, sont amortis dans la colonne 12.

Les remboursements amortis d'office sont amortis dans la colonne 13.

A la fin de la journée comptable du 10, tous les remboursements qui figurent sur le mod. 168^{po}, 320^{cc}, 420^{cc}, du mois précédent, comme non amortis, sont ressortis en colonne 14 de cet état et reportés en détail dans la colonne 9 du bordereau mod. 168^{po}, 320^{cc} ou 420^{cc} du mois en cours, dans leur ordre d'inscription primitif en tête de la journée du 11 pour le trafic intérieur et avant les inscriptions de la première journée pour le trafic direct.

A la clôture des opérations du mois, le total des colonnes 8 et 9 du bordereau mod. 168 doit être égal à celui des colonnes 10 à 14.

Le total des colonnes 10 à 12 du mod. 168^{po} donne le total des remboursements amortis en trafic intérieur du mois considéré, qui doit être égal au chiffre indiqué au crédit de la situation générale au titre « Remboursements amortis » ; le total des colonnes 10 à 12 du modèle 320^{cc} ou 420^{cc} donne le total des remboursements payés ou annulés en trafic direct dans le mois considéré, qui doit être égal au chiffre indiqué au crédit de la situation annexe au titre « Remboursements payés ou annulés G. V. ou P. V. » ; le total de la colonne 14 indique le chiffre des remboursements restant à amortir à reporter sur les bordereaux 168^{po}, 320^{cc}, 420^{cc} du mois suivant, colonne 9 comme cela a été dit plus haut.

Les avis d'encaissement des remboursements amortis sont classés dans l'ordre d'incription sur le carnet mod. 168^{po}, 320^{cc} ou 420^{cc}, et envoyés au Bureau des Recettes ou au Contrôle commun, avec les bordereaux mod. 168^{po}, 320^{cc} et 420^{cc}.

Les gares doivent faire un relevé récapitulatif, sur le mod. 168ᴾᴼ, faisant ressortir les remboursements du trafic intérieur restant à amortir par mois d'émission.

Période complémentaire.

Les remboursements émis dans un mois considéré pouvant être amortis jusqu'au 10 du mois suivant, les gares ont à se créditer, pendant la période du 1ᵉʳ au 10 de chaque mois, à deux titres différents :

1° Remboursements amortis du mois courant.

2° Remboursements amortis des mois précédents.

Les premiers sont portés au crédit de la Situation générale ou de la Situation annexe, au titre « Remboursements amortis » du mois courant.

Les deuxièmes sont portés au crédit au même titre, mais à la période complémentaire.

A la fin de la première décade, les remboursements des mois précédents sont totalisés sur la Situation générale et sur la situation annexe, dans la colonne « Période complémentaire », et reportés à la troisième décade du mois précédent, dans la colonne « Période complémentaire », en face la rubrique « Remboursements amortis ».

Additionnés avec le chiffre des « Remboursements amortis » jusqu'au dernier jour du mois, ils forment le total général des remboursements amortis du mois, qui doit être pris en charge à la Situation générale et à la Situation annexe au crédit.

Ce chiffre doit être égal au total des colonnes 10 à 12 du mod. 168ᴾᴼ, 320ᶜᶜ ou 420ᶜᶜ.

Pour justifier le solde de la Situation générale, les gares doivent inscrire le montant des remboursements amortis de la période complémentaire dans la justification du solde créditeur sous la rubrique « Remboursements amortis du 1ᵉʳ au 10 du mois suivant ».

Amortissement d'office.

Au commencement de chaque mois, les gares doivent amortir d'office :

En trafic intérieur :

1° Tous les remboursements mis à la disposition des expéditeurs et non encaissés dans un délai de six mois ;

2° Tous les remboursements émis depuis plus de six mois et dont les avis d'encaissement ne leur sont pas rentrés.

En trafic direct :

Les mêmes remboursements, mais dans un délai de quatre mois suivant celui de l'émission.

A cet effet, les gares inscrivent, pour ordre, le montant de ces remboursements dans la colonne spéciale du bordereau mod. 168ᴾᴼ, 320ᶜᶜ, 420ᶜᶜ.

Le motif de l'amortissement d'office est indiqué dans la colonne « Observations » du bordereau comme suit : « à disposition depuis le... » ou « Avis non rentré », suivant le cas.

D'autre part, la mention : « Remboursement impayé, l'ayant droit ne s'étant pas présenté », est inscrite sur les avis d'encaissement des remboursements mis à la disposition des expéditeurs et non encaissés par ceux-ci. Ces avis d'encaissement sont joints au bordereau mod. 168ᴾᴼ, 320ᶜᶜ et 420ᶜᶜ.

Si, ultérieurement, les ayants droit demandent le paiement du remboursement ou si des avis d'encaissement viennent à rentrer, les gares demandent des instructions au Bureau des Recettes ou au Contrôle Commun en fournissant les renseignements utiles.

Les états à fournir à l'Administration centrale (Bureau des Recettes **Etats de fin de mois.** ou Contrôle Commun) sont :

Au départ, les bordereaux des « Remboursements émis et amortis mod. 168ᵖᵒ, 320ᶜᶜ, 420ᶜᶜ récapitulés et auxquels sont joints les avis d'encaissement des remboursements payés ou annulés dans l'ordre d'inscription.

A l'arrivée, les « Bordereaux des remboursements reçus » mod. 175ᵖᵒ, 321ᶜᶜ et 421ᶜᶜ récapitulés et auxquels sont joints les coupons d'avis d'encaissement classés dans leur ordre d'inscription.

Ils sont adressés au Bureau des Recettes le 12 de chaque mois, au Contrôle Commun, avec toutes les pièces du mois, le 11 de chaque mois.

MANDATS H (*Instruction N° 885*)

Les remboursements suivis sur des colis postaux en provenance ou à destination de l'étranger sont comptabilisés en trafic direct sous la rubrique « Mandat H ».

Le mandat H est l'avis d'encaissement utilisé pour les remboursements postaux internationaux ; c'est un imprimé sans valeur proprement dite, puisque la taxe du retour des fonds est perçue au moment de l'expédition.

Lorsqu'un postal est grevé de remboursement, la gare de départ remplit **Gare de départ.** un mandat H (partie à remplir par le bureau expéditeur), ainsi que la souche et le coupon. Elle y appose son timbre à date et l'épingle soigneusement au bulletin postal.

Le remboursement est inscrit sur le carnet d'expédition mod. 193, en regard de l'inscription du colis, et sur le relevé mod. 21 CC et 195 P.-O.

Au retour du mandat H, complété par la gare de destination, le remboursement est payé à l'expéditeur contre décharge régulière sur le mandat H lui-même.

Les mandats H payés sont inscrits, au fur et à mesure du paiement, au crédit du livre de caisse et sur carnet mod. 30 CC.

La gare se crédite sur la Situation annexe sous la rubrique « Mandats H payés ».

Le carnet mod. 30 CC est établi au décalque et la première partie constitue les états de fin de mois envoyés le 2 au Contrôle commun avec les mandats H payés.

A l'arrivée des colis, la gare d'arrivée inscrit le remboursement sur le **Gare d'arrivée.** carnet de livraison mod. 243 et en même temps sur carnet des « Mandats H reçus », mod. 31 CC.

Ce carnet est établi au décalque ; la première partie constitue les états de fin de mois.

La gare prend débit chaque jour à la Situation annexe du montant des remboursements reçus sous la rubrique « Mandats H reçus », et il est établi un solde sur la Situation générale « Mandats H » dont l'établissement s'obtient de la même façon que celui des ports dus.

Après encaissement du remboursement, la gare l'inscrit sur le livre de caisse dans la colonne « Débit » et remplit sur le mandat H les rubriques portées dans le cadre « Indications de service à remplir par l'office destinataire du colis ».

Le mandat H est inscrit ensuite sur une partie spéciale du carnet d'expédition mod. 193 et est adressé au bureau d'échange par lequel est venu le colis, sous enveloppe spéciale.

Mandats H annulés ou réexpédiés. Dans le cas où un mandat H est annulé ou le colis réexpédié, soit au point de départ, soit sur une autre destination, il n'y a pas lieu de reprendre le montant du remboursement sur le bureau d'échange ni de le faire suivre en débours.

Dans ces deux cas, la gare inscrit ces remboursements sur le carnet mod. 32 CC, « Bordereau des Mandats H annulés ou réexpédiés », et s'en crédite sur la Situation annexe sous la rubrique « Mandats H annulés ou réexpédiés »

Si le mandat H est annulé, il est joint au bordereau 32 CC ; si le colis est réexpédié, le mandat H est épinglé aux écritures créées pour la réexpédition.

Etats de fin de mois. Les états de fin de mois à fournir au Contrôle commun pour les mandats H sont les suivants:

1° Mod. 30cc, Bordereau des mandats H payés ;

2° Mod. 31cc, Bordereau des mandats H reçus ;

3° Mod. 32cc, Bordereau des mandats H annulés ou réexpédiés.

LIVRE DE CAISSE. ARRETE DE LA CAISSE (*articles 666 à 682*)

Tout agent comptable chargé de la gestion d'une caisse tient un livre de caisse mod. 356.

A l'heure déterminée pour arrêter sa caisse, nous allons examiner les opérations qu'il doit faire.

Il doit porter au débit de son livre de caisse toutes les sommes qu'il a encaissées, et au crédit toutes les sommes qu'il a déboursées.

Il faut pour cela qu'il consulte tous les livres dont nous avons parlé et sur lesquels il peut avoir fait des opérations dans la journée.

Ces livres sont les suivants :

1° Carnet mod. 12, Décompte des voyageurs ;

2° Carnet mod. 35 et 36, Perceptions supplémentaires ;

3° Carnet mod. 60, Bagages ;

4° Carnet mod. 66, Consigne ;

5° Carnet mod. 158, Expéditions G. V., trafic intérieur et carnet mod. 284 G. V., renvoi des avis d'encaissement ;

6° Carnet mod. 307cc, Expéditions G. V., trafic direct et carnet mod. 322cc, renvoi des avis d'encaissement ;

7° Carnet mod. 158. Expéditions P. V., trafic intérieur et carnet mod. 284 P. V., renvoi des avis d'encaissement ;

8° Carnet mod. 407cc, Expéditions P. V., trafic direct et carnet mod. 422cc, renvoi des avis d'encaissement ;

9° Carnet mod. $\frac{161^{po}}{355^{cc}}$ Colis agricoles, trafic intérieur et trafic direct ;

10° Carnet mod. 193, Expédition, colis postaux internationaux ;

11° Carnet mod. 241, Carnet de livraison des postaux français ;

12° Carnet mod. 243, Carnet de livraison des postaux internationaux ;

13° Livre d'arrivages mod. 206, Trafic intérieur G. V. et carnet mod. 285 G. V., rentrée des avis d'encaissement;

14° Livre d'arrivages mod. 311cc, Trafic direct G. V. et carnet mod. 323cc, rentrée des avis d'encaissement ;

15° Livres d'arrivages mod. 204, Trafic intérieur P. V. et carnet mod. 285 P. V., rentrée des avis d'encaissement ;

16° Livre d'arrivages mod. 411cc, Trafic direct P. V. et carnet mod. 423cc, rentrée des avis d'encaissement ;

Enfin il doit faire le décompte des bulletins postaux vendus sur le carnet mod. 377.

Après avoir indiqué tous les encaissements et tous les paiements effectués, il porte, en tête du livre de caisse, dans la colonne débit, le solde de caisse de la veille.

Il additionne les colonnes débit et crédit et en fait la différence dans le cadre à ce destiné, partie gauche du livre.

Il compte ensuite les espèces en caisse et en porte le détail dans le cadre à ce destiné.

Si le total des espèces restant en caisse représente exactement la différence entre le débit et le crédit, on dit que la caisse est juste et tout laisse supposer que toutes les opérations de la journée ont bien été enregistrées.

S'il trouve une différence, soit en plus, soit en moins, il recherche dans les livres s'il n'a pas omis d'inscrire une opération, soit au débit, soit au crédit.

Si les recherches sont restées infructueuses il fait figurer le déficit ou l'excédent constaté.

Il est recommandé de la façon la plus formelle d'arrêter sa caisse scrupuleusement tous les jours.

En principe, les gares doivent verser chaque jour à l'Administration centrale, en numéraire ou en valeurs représentatives, le montant de leurs Recettes. **Versement des fonds** *(Articles 683 à 688).*

Cependant, lorsqu'elles prévoient pour le lendemain ou les jours suivants des paiements importants à faire, tels que remboursements ou indemnités à payer et auxquels elles ne pourraient faire face avec les recettes normales d'une journée, elles retiennent tout ou partie de la somme en caisse, en indiquant les motifs de la retenue sur le livre de caisse.

Il ne doit pas être fait de versement en numéraire lorsque la somme à verser est inférieure à 100 francs.

Les envois de numéraire se font de plusieurs manières différentes :

1° Les localités où il existe une succursale de la Banque de France versent à cet établissement, en se faisant délivrer, en échange de leur versement, un chèque circulaire barré émis par la Banque à l'ordre de « La Compagnie du Chemin de fer d'Orléans » ;

2° Les autres gares et stations versent leur numéraire au bureau de poste, qui leur remet un reçu de leur versement.

Si le bureau de poste est trop éloigné de la gare, celle-ci doit envoyer son versement à la gare la plus rapprochée et qui lui aura été indiquée par l'Arrondissement.

Cette dernière lui retournera le reçu du bureau de poste.

Que le versement ait été fait à la Banque de France ou à la poste, le montant du versement est inscrit sur le livre de caisse au crédit et la gare s'en crédite à la Situation générale sous la rubrique « Numéraire et mandats envoyés à la Caisse du Service général ».

La gare établit un reçu mod. 368, détaillant le montant de la valeur des sommes versées, ainsi que les mémoires et mandats payés et l'adresse, sous enveloppe n° 219, comme pli valeur, à la Caisse du Service général, à Paris.

Le reçu du bordereau mod. 368 est retourné à la gare par le Bureau des Produits-Marchandises ; il est collé, dès sa réception, au livre de caisse à la journée où a été comptabilisé le versement.

Ce reçu libère définitivement la gare de son versement ; s'il ne rentre pas régulièrement, elle doit en demander un duplicata au Bureau des Produits Marchandises.

Demande de fonds
(Articles 689 à 691).

Si une gare, ayant à effectuer des paiements importants, n'a pu, avec ses recettes journalières, former une provision suffisante, elle adresse une demande de numéraire à l'Arrondissement dont elle dépend.

L'Arrondissement fait adresser un groupe valeur à la gare qui a fait la demande, par le caissier de la gare siège de l'Arrondissement, ou par celui de la gare importante la plus proche de celle qui a établi la demande, alors même que cette gare dépende d'un autre Arrondissement.

L'expédition est faite dans la forme prescrite.

Pour se couvrir de la somme envoyée, la gare expéditrice la fait suivre en débours sur l'expédition faite en service.

Les envois de fonds aux gares et stations dans une localité où il existe une succursale de la Banque de France ont lieu à l'aide de chèques qui leur sont adressés par la Caisse du Service général, Service auquel ils doivent être demandés directement avec mod. 375.

CENTRALISATION DES ECRITURES

Dans les articles précédents, nous avons vu quelles étaient les principales natures de transports et sur quels livres il fallait enregistrer les opérations. C'est ce qu'on appelle la tenue des livres.

Maintenant, nous allons aborder la comptabilité proprement dite, et, avant de vous expliquer comment on établit la Situation générale, je vais tâcher de vous faire comprendre le sens des mots :

Débit, Crédit, Solde

Toute la comptabilité repose sur la compréhension des mots « Débit, Crédit et Solde », et, une fois qu'un agent en a bien compris le sens, il n'est plus souvent embarrassé.

On appelle débit :

Toute somme encaissée ou qui doit être encaissée.

On appelle crédit :

Toute somme payée ou qui doit être payée.

On appelle solde :

La différence entre le chiffre du débit et celui du crédit, différence qui doit être représentée soit par des espèces, soit par des titres restant à encaisser.

Quand on parle d'un compte :

On appelle débit de ce compte tout ce qui entre dans ce compte et l'augmente ;

On appelle crédit de ce compte tout ce qui sort de ce compte et le diminue ;

On appelle solde ce qui reste dans ce compte.

Si le débit est supérieur au crédit, le solde est débiteur.
Si le crédit est supérieur au débit, le solde est créditeur.

Pour l'établisement d'un solde, on peut prendre la formule suivante, qui est une règle immuable :

Formule pour l'établissement d'un solde (*Article 348*).

« Au solde de la veille est ajouté le débit du jour pour obtenir le débit général.

« On déduit de ce débit général le crédit du jour et l'on obtient le solde nouveau. »

C'est d'après ce principe qu'est établie la Situation générale, dont nous allons parler.

Je vous donnerai ensuite des exemples d'établissement de solde (voir page 49).

SITUATION GENERALE ET SITUATION ANNEXE (*articles 692 à 703*)

La Situation générale et la Situation annexe, dont nous allons nous occuper, sont un tableau synoptique de toutes les opérations de la gare et qui font ressortir d'une façon parfaite les sommes dont la gare est redevable à la Compagnie au sujet de sa gestion.

La Situation annexe comprend le détail des opérations du trafic direct au débit et au crédit, dont les totaux sont reportés en bloc sur une seule ligne au débit comme au crédit de la Situation générale, qui constitue la centralisation de toutes les opérations de la gare et qui donne la justification du solde.

Cette Situation est un chef-d'œuvre au point de vue comptable, car, si, en l'établissant, on omet un chiffre quelconque ou qu'on ait commis une ereur en établissant les soldes, la Situation n'est pas juste et on est obligé de rechercher.

C'est en établissant cette Situation qu'on comprend la portée des mots « Débit, Crédit et Solde ».

La partie de gauche de la Situation générale indique, imprimées, toutes les rubriques sous lesquelles la gare peut avoir à se débiter.

La partie supérieure de droite indique, imprimées, toutes les rubriques sous lesquelles la gare peut avoir à se créditer.

La partie inférieure de droite indique les soldes débiteurs et, au-dessous, les soldes créditeurs.

Le total des soldes débiteurs, diminué du total des soldes créditeurs, donne le solde net de la gare, qui doit être le même que celui accusé au bas de la partie de gauche, où le solde net est obtenu par le débit du jour plus le solde de la veille moins le crédit du jour.

Toute somme qui est portée au débit de la Situation générale vient en augmentation d'un solde, soit du solde de caisse, si la somme dont on se débite a été encaissée, soit d'un autre compte si la somme n'est pas encore encaissée: ports dus, remboursements, etc.

Toute somme qui est portée au crédit de la Situation générale vient en diminution de ces mêmes soldes.

Comme cela a été dit pour le livre de caisse, il faut que la Situation générale soit arrêtée tous les jours.

Dès que sa caisse est terminée, l'agent indique au débit ou au crédit de la Situation toutes les sommes encaissées ou déboursées au comptant, telles que voyageurs, bagages, ports payés, débours, remboursements payés, etc., et qui ont été inscrites au débit ou au crédit du livre de caisse, en ayant soin de porter les chiffres concernant le trafic direct sur la Situation annexe, ceux du trafic intérieur sur la Situation générale.

Ensuite, il établit les soldes G. V. et P. V. sur les livres d'arrivages mod. 206 et 204, comme il a été dit page 31. Le solde des remboursements est établi sur le carnet mod. 175.

Il inscrit ensuite au débit de la Situation générale les ports dus G. V. et P. V. trafic intérieur, ainsi que les remboursements pris en charge le jour même, et au crédit, les au delà G. V. ou P. V. du trafic intérieur.

Les ports dus et au delà du trafic direct sont inscrits sur la Situation annexe.

Il indique ensuite les soldes établis dans la partie inférieure de droite au solde débiteur dont le total doit donner le débit de la gare :

Ports dus G. V., les chiffres obtenus sur le carnet mod. 206.
Ports dus P. V., les chiffres obtenus sur le carnet mod. 204.
Remboursements à encaisser, les chiffres obtenus sur le carnet mod. 175.
Mandats H, les chiffres obtenus sur le carnet mod. 31^{cc}.
Bulletins postaux, les chiffres obtenus sur le carnet mod. 377.
Solde de caisse, les chiffres obtenus sur le carnet mod. 356.
Rectifications, service intérieur, les chiffres obtenus sur le carnet mod. 410.

Rectifications, trafic direct, les chiffres obtenus sur le carnet mod. 410.

Et au solde créditeur, les soldes des :

Au delà G. V. établis sur le carnet mod. 206.
Au delà P. V. établis sur le carnet mod. 204.

Il additionne ensuite les colonnes débit et crédit de la Situation annexe et en reporte le total à la rubrique Contrôle commun de la Situation générale, au débit comme au crédit, et additionne les colonnes débit et crédit de cette dernière.

Au total de la colonne du débit, il ajoute le solde net de la veille et en diminue le total de la colonne crédit pour obtenir le solde net du jour.

Ce solde net du jour doit être le même que celui accusé par la partie inférieure de droite (soldes débiteurs diminués des soldes créditeurs), sinon, on a omis une opération ou on a fait une erreur dans l'établissement des soldes et il n'y a plus qu'à chercher jusqu'à ce qu'on ait trouvé.

Arrêté par décade et par mois. La Situation générale et la Situation annexe sont arrêtées par décade et par mois.

Tous les dix jours, on arrête, en faisant l'addition en travers de toutes les opérations, inscrites au débit comme au crédit.

Au total général des opérations du débit de la première décade, on ajoute le solde du mois précédent et on déduit le total du crédit des dix jours pour obtenir le chiffre indiqué au solde net de la gare le dixième jour.

Les totaux de la première décade sont reportés à la deuxième, ceux de la deuxième à la troisième, pour obtenir à la fin du mois le total des opérations du mois.

Période complémentaire. Nous avons dit que tous les arrivages et tous les remboursements étaient pris en charge à leurs mois respectifs par rapport à leur date d'expédition et que, dans la période du 1er au 10 de chaque mois, on distingue les arrivages et remboursements du mois courant de ceux du mois précédent ; il en est de même des au delà et des remboursements payés.

A l'arrêté de la première décade de chaque mois, les chiffres du mois courant sont totalisés dans la colonne « Total de la décade », au débit comme au crédit.

Les chiffres se rapportant au mois précédent et pris en charge à la rubrique « Période complémentaire » sont additionnés dans la colonne « Période complémentaire » et reportés à la troisième décade du mois précédent en face leurs rubriques respectives et additionnés avec les totaux du 1ᵉʳ au 30 ou 31.

Cette opération augmente les chiffres du mois précédent, au débit comme au crédit, et, pour compenser ces sommes à la justification du solde, on les ajoute aux soldes débiteurs ou créditeurs qu'ils concernent et qui ont servi à justifier le solde du 30 ou 31.

On ajoute aux soldes débiteurs :

Aux ports dus G. V., les chiffres de la période complémentaire ports dus G. V. intérieur et direct réunis ;

Aux ports dus P. V., les chiffres de la période complémentaire, ports dus P. V. intérieur et direct réunis ;

Aux remboursements à encaisser, les chiffres de la période complémentaire remboursements reçus intérieur et direct réunis.

On ajoute aux soldes créditeurs :

Aux au-delà de la G. V., les au-delà de la G. V. de la période complémentaire intérieur et direct réunis ;

Aux au-delà de la P. V., les au-delà de la P. V. de la période complémentaire intérieur et direct réunis ;

Le montant des remboursements amortis en période complémentaire intérieur et direct réunis.

Après avoir ajouté ces débits et ces crédits aux chiffres du débit et du crédit du mois précédent, ainsi qu'aux soldes débiteurs et créditeurs, on obtient la situation de la gare pour le mois considéré, qui doit être fournie à l'Administration centrale à l'aide des Bordereaux de liquidation.

Le solde ainsi déterminé, ajouté au total du débit de la première décade du mois courant et diminué du crédit de cette même période, doit donner le solde justifié sur la Situation générale au 10, puisqu'on a retranché de la première décade une somme qui a été ajoutée au solde du mois précédent, qui est le point de départ de l'établissement du solde de la gare.

Dans les gares où il est payé de gros remboursements, le report aux soldes créditeurs des remboursements amortis en période complémentaire peut être supérieur au solde débiteur de la gare, alors le solde du mois précédent est créditeur au lieu d'être débiteur.

Dans ce cas, à l'arrêté de la décade et du mois suivant, il faut déduire ce chiffre du débit au lieu de l'ajouter.

Tous les mois, la gare adresse à l'Administration centrale une copie des chiffres de la Situation générale et ceux de la Situation annexe sur des états appelés Bordereaux de liquidation.

Bordereaux de liquidation (mod. 406-501 cc).

Le bordereau de liquidation principale mod. 406, qui est destiné au Contrôle de la Compagnie d'Orléans, comprend tous les chiffres de la Situation générale et fait ressortir le solde dont la gare est responsable vis-à-vis de la Compagnie.

Le bordereau de liquidation annexe mod. 501cc, qui est destiné au Contrôle commun, ne comprend que les chiffres de la Situation annexe, c'est-à-dire du trafic direct.

Soldes. Exemples.

J'ai donné, un peu plus haut, la formule pour l'établissement d'un solde.

Je vais maintenant vous donner un tableau faisant ressortir comment ont été établis les soldes des journées des 3, 4, 5 et 6 mai de la Situation générale que j'ai établie à votre intention.

En rapprochant de ce tableau les chiffres de la Situation et ceux du livre de caisse, on peut bien comprendre le mécanisme de la Situation générale.

Voir Situation générale et annexe et livre de caisse aux Annexes joints au Cours.

Le rapprochement de ce tableau avec les Situations générale et annexe et avec le livre de caisse fait bien ressortir le mécanisme de la Situation.

Cela fait ressortir que toutes les opérations au comptant, voyageurs, bagages, ports payés, débours, etc., qui figurent au débit ou au crédit du livre de caisse doivent être également prises en charge au débit ou au crédit de la Situation tandis que les sommes représentant des transports à encaisser, « Ports dus G. V. ou P. V., Remboursements », bulletins postaux, etc., sont prises en charge avant l'encaissement.

Toute somme prise en charge au débit de la situation vient automatiquement augmenter le solde auquel elle se rapporte et ne disparaît de ce solde qu'au fur et à mesure de l'encaissement pour venir au débit du solde de caisse.

Les au-delà, qui représentent des sommes à disposition du correspondant, étant pris en charge au crédit de la Situation avant le paiement au correspondant, forment un solde créditeur et ne disparaissent de ce solde qu'au fur et à mesure du paiement pour venir au crédit du solde de caisse.

La journée du 3 mai fait bien ressortir que les ports dus G. V. et P. V. et au-delà, ainsi que les remboursements que nous trouvons pris en charge à la Situation viennent bien en augmentation des soldes respectifs de la veille.

La journée du 4 mai fait bien ressortir que les sommes encaissées ou payées viennent bien diminuer les différents soldes.

Le 6 mai, jour où il n'y a aucune prise en charge, nous remarquons que tous les ports dus ayant été encaissés et les au-delà payés, ainsi qu'en fait foi le livre de caisse, nous obtenons un solde « Néant ».

On remarque également, le 6 mai, sur la Situation générale, une prise en charge de 200 francs au titre bulletins postaux qui a immédiatement sa répercussion sur le solde des bulletins postaux de la gare « Soldes débiteurs » ; le 5, ce solde est de 788 fr. 10 ; le 6, il devient $788,10 + 200 = 988,10$.

Comme je l'ai déjà dit, les différents soldes d'une gare doivent toujours être justifiés, le solde de caisse par des espèces ou des valeurs représentatives, les autres soldes par des titres (récépissés G. V. ou P. V., avis d'encaissement, etc.).

Toute la comptabilité que j'ai expliquée l'a été en considérant que tout le travail était fait par le même agent pour la faire mieux comprendre, mais dans les gares importantes, où le service est divisé, chaque agent comptabilise seulement la partie de service dont il est chargé (Départ G. V., Arrivée G. V., Départ P. V., etc).

Il tient un livre de caisse mod. 356, avec un fonds de roulement dont l'importance varie avec l'importance du poste qu'il occupe ; il verse tous

	G. V.		P. V.		REMBOURSEMENTS
	Au delà	Ports dus	Au delà	Ports dus	
Le 3 Mai. — Solde de la veille..................	0 25	8 75	»	20 »	»
Trafic intérieur (mod. 206 et 204)...	0 50	5 50	0 25	9 80	»
Trafic direct (mod. 311CC et 411CC)..	0 25	8 25	»	12 »	»
Débit du jour { Rembours reçus trafic intérieur (mod. 175)....	»	»	»	»	225 »
d° d° trafic direct G. V. (mod. 321CC).	»	»	»	»	25 »
d° d° d° d° P. V. (mod. 424CC).	»	»	»	»	125 »
TOTAL du débit.................	1 »	22 50	0 25	41 80	375 »
CRÉDIT du jour (livre caisse mod. 356).	0 25	»	»	»	»
SOLDE le 3 Mai.................	0 75	22 50	0 25	41 80	375 »
Chiffres à indiquer sur la situation Générale « Solde débiteur ».					
Le 4 Mai. — Solde de la veille..................	0 75	22 50	0 25	41 80	375 »
Trafic intérieur..................	»	»	»	»	»
Débit du jour { Trafic direct.....................	»	»	0 50	»	»
Remboursements reçus trafic direct P. V.....	»	»	»	»	300 »
TOTAL du débit.................	0 75	22 50	0 75	41 80	675 »
CRÉDIT du jour (mod. 356)......	0 25	3 50	0 50	21 80	675 »
SOLDE le 4 Mai.................	0 50	19 »	0 25	20 »	»
Le 5 Mai. — Solde de la veille..................	0 50	19 »	0 25	20 »	»
Débit du jour (Néant)..............	»	»	»	»	»
TOTAL du débit.................	0 50	19 »	0 25	20 »	»
CRÉDIT du jour (mod. 356)......	»	5 25	»	»	»
SOLDE le 5 Mai.................	0 50	13 75	0 25	20 »	»
Le 6 Mai. — Solde de la veille..................	0 50	13 75	0 25	20 »	»
Débit du jour (Néant)..............	»	»	»	»	»
TOTAL du débit.................	0 50	13 75	0 25	20 »	»
CRÉDIT du jour (mod. 356)......	0 50	13 75	0 25	20 »	»
SOLDE le 6 Mai (Néant)........	»	»	»	»	»

les soirs à la Caisse centrale le montant de ses encaissements, ne conservant que son fonds de roulement.

Il tient également une situation mod. 403, appelée Situation partielle, sur laquelle il comptabilise toutes ses opérations du trafic intérieur et du trafic direct en les distinguant bien.

Toutes les Situations partielles d'une gare sont réunies tous les jours et leurs chiffres sont centralisés sur la Situation générale et la Situation annexe dont il a été parlé.

Il n'y a jamais qu'une Situation générale et qu'une Situation annexe par gare.

La livraison des marchandises G. V. ou P. V. est faite en inscrivant les articles livrés sur un livre de crédit mod. 223, sur lequel les destinataires donnent émargement, au lieu de le donner sur les livres d'arrivages. Tous les jours, on fait l'émargement des articles livrés sur le livre d'arrivages.

Cette opération consiste à porter dans les colonnes d'amortissement les sommes encaissées, de façon à pouvoir établir par journée de prise en charge les sommes encaissées et celles restant à encaisser.

Ces sommes déterminées permettent d'établir la justification du crédit, ainsi que celle du solde débiteur.

Pour dégager les soldes des ports dus G. V. et P. V. et remboursements, on a également créé dans les gares des soldes appelés « Souffrances » et « Impayés », auxquels sont passés, dans un délai déterminé, les articles non livrés pour des motifs quelconques ; l'établissement de ces comptes découle toujours de la compréhension des trois mots : « Débit, Crédit, Solde ».

Je vais vous indiquer ci-après quelques termes comptables usités dans la comptabilité.

RECETTES A DIFFERENTS TITRES (*Articles 586 et 587*)

D'une manière générale, les gares versent sous une rubrique spéciale, appelée « Recettes à différents titres », les encaissements pour lesquels il n'est prévu aucun chapitre particulier de recette.

Les gares prennent débit chaque jour sur le livre de caisse et à la Situation générale des sommes encaissées au titre « Recettes à différents titres ».

Elles doivent faire connaître le montant de ces encaissements au Service de la Comptabilité générale et des Finances, à Paris, par l'envoi d'une lettre mod. 376.

Les gares relèvent tous les jours les encaissements de cette nature sur des bordereaux mod. 401, établis par nature d'encaissement.

En fin de mois, ces bordereaux sont additionnés, numérotés, récapitulés et joints au Bordereau de Liquidation principale.

En terme de chemin de fer, au lieu de dire : « Somme à verser aux Recettes à différents titres », on dit presque toujours : « Somme à verser par bordereau 401 ».

COMPTES COURANTS *(Articles 603 et 604)*

Compte courant veut·dire : « Crédit pris à la Situation sur le Bureau des Recettes ».

Les gares versent en compte courant au Bureau des Recettes les transports effectués pour le compte des Administrations de l'Etat (Guerre, Marine, Finances, etc.), du trafic intérieur ; les transports d'indigents, les détaxes et surtaxes remboursées, ainsi que les indemnités payées.

Chaque nature de versement fait l'objet d'un état mod. 212 spécial.

Les bordereaux 212 sont enregistrés en détail sur un livre de caisse mod. 356, spécialement affecté à cet usage.

Ils sont ensuite relevés journellement, sommairement, sur deux relevés distincts, mod. 159, qui comprennent : l'un, les bordereaux 212 concernant les indemnités payées pour pertes, retards et avaries, qui sont adressés à l'Arrondissement ; l'autre, tous les autres bordereaux mod. 212 qui sont adressés à l'Administration centrale, « Bureau des Recettes ».

Le montant de ces deux relevés est pris en charge chaque jour au crédit de la Situation générale sous la rubrique « Comptes courants ».

En terme chemin de fer, on dit souvent : « Reprendre par 212 » au lieu de « Verser en Comptes courants ».

DETAXES. SURTAXES *(Articles 622 à 626)*

Lorsque les agents ont perçu des sommes en trop sur des transports quelconques, elles sont remboursées aux ayants droit par voie de détaxe ou de surtaxe.

On nomme *détaxe* toute restitution de trop perçu opérée soit sur l'ordre de l'Administration centrale, après réclamation de l'ayant droit, soit d'office par la gare.

On nomme *surtaxe* la restitution d'un en trop perçu effectuée d'office sur l'ordre de l'Administration centrale.

Les gares se créditent des sommes payées à ce titre sur la Situation générale au titre « Comptes courants ».

RECTIFICATIONS *(Articles 627 à 630)*

Lorsque les agents ont perçus des sommes en moins sur des transports quelconques, elles sont encaissées au moyen des rectifications que l'Administration centrale ou le Contrôle commun envoient aux gares.

Les contrôles envoient également des rectifications pour régulariser les erreurs de comptabilité qu'ont pu commettre les gares, et, dans ce cas, les rectifications peuvent être établies au débit comme au crédit des gares.

Les rectifications reçues par les gares sont prises en charge à la Situation générale ou à la Situation annexe, suivant le cas, et forment un solde à la Situation générale analogue à celui des autres comptes.

Les rectifications sont inscrites sur un carnet de rectifications mod. 410 ; une partie du carnet peut être affectée aux rectifications du trafic intérieur, l'autre partie à celles du trafic direct.

Il existe dans chaque trafic deux séries de numéros de rectifications : une pour les débits, une pour les crédits ; elles recommencent à 1 tous les ans.

Si une gare constate une lacune dans la série des numéros, elle doit demander duplicata des numéros qui lui manquent.

Les avis de rectifications du trafic intérieur sont adressés aux gares par le Bureau des Produits Marchandises, accompagnés de bordereaux mod. 409, les avis sont pris en charge et les mod. 409 sont joints en fin de mois au Bordereau de Liquidation principale.

Les avis de rectifications du trafic direct sont adressés aux gares par le Contrôle commun ; ils sont relevés sur des bordereaux mod. 332^{cc} ou 432^{cc}, suivant qu'ils concernent la grande ou la petite vitesse, et sont adressés en fin de mois au Contrôle commun, suivant les instructions de ce bureau.

Le solde des rectifications est tenu sur le carnet mod. 410, comme le solde des arrivages. La justification du solde doit être faite tous les mois.

Les gares doivent poursuivre le recouvrement des rectifications avec le plus de célérité possible.

CONTROLE COMMUN
(Instructions générales concernant le trafic direct de Grande et de Petite Vitesse)

TRANSPORTS A REGLER

Les transports des Administrations de l'Etat (Guerre, Marine, Finances, etc.) du trafic direct ne sont pas encaissés par les gares ; ils sont portés au crédit de la Situation annexe sous la rubrique « Transports à régler ».

Les pièces accompagnant ces transports (lettre de voiture administrative, acquit à caution, etc.) sont jointes à des bordereaux mod. 330cc lorsque le transport a été effectué en G. V., à des bordereaux mod. 430cc lorsque le transport a été effectué en P. V.

Il est établi des bordereaux mod. 330cc ou 430cc distincts par nature de compte (Guerre, Marine, Finances, etc.).

Ces bordereaux, récapitulés en fin de mois par vitesse, donnent le total indiqué par la Situation annexe aux rubriques : « Transports à régler G. V. ou P. V. » et sont adressés au Contrôle commun avec toutes les pièces de fin de mois.

SURTAXES REMBOURSÉES

Lorsque le Contrôle commun constate qu'il a été perçu en trop sur un transport quelconque, il adresse un avis de surtaxe mod. 331cc à la gare qui a effectué l'encaissement.

Celle-ci fait le nécessaire pour que les sommes soient payées dans la forme prescrite aux ayants droit.

Les gares portent les sommes payées au crédit de la Situation annexe sous la rubrique « Surtaxes remboursées ».

Les sommes ainsi payées sont relevées sur des bordereaux mod. 330cc pour la G. V. et 430cc pour la P. V., en tête desquels il a été porté la mention « Surtaxes remboursées ».

Le total des bordereaux mod. 330cc et 430cc doit être égal à celui indiqué à la Situation annexe aux rubriques : « Surtaxes remboursées G. V. ou P. V. »

Ces bordereaux sont adressés au Contrôle commun avec les avis de surtaxes acquittées par les ayants droit avec les états de fin de mois.

SAC PORTE-PLIS (Article 704)

Toutes les pièces comptables et la correspondance que les gares ont à adresser à l'Administration centrale ou au Contrôle commun doivent être placées, tous les jours, dans le sac porte-plis de la gare qui circule, par des trains désignés, entre les gares et Paris.

Au retour, ce sac contient la correspondance échangée entre l'Administration et la gare.

J'ai placé, à la fin du cours, une nomenclature d'imprimés qui rendra service aux agents des gares, qui sont fréquemment embarrassés sur l'imprimé à utiliser dans certains cas.

CONTROLE ET VERIFICATIONS *(Articles 705 et 706)*

Il n'a pas pu vous être parlé de toutes les natures de transports ou de recettes que vous aurez à comptabiliser dans les gares dans l'avenir, cela aurait été trop long ; il s'agissait de vous donner des notions sommaires de comptabilité, de façon à ce que vous ne soyez pas trop embarrassés lorsque vous arriverez dans les gares et de vous expliquer le mécanisme de cette comptabilité, ce qui vous permettra de l'apprendre bien plus rapidement.

Vous trouverez dans les gares tous les documents qui vous seront utiles pour vous instruire davantage, et l'occasion d'acquérir ce que l'on n'obtient que par le travail, l'expérience.

Tous les documents dont nous avons parlé, qui sont établis à la gare expéditrice, adressés à la gare destinataire qui les fait ensuite parvenir à l'Administration centrale ou au Contrôle commun, servent à deux buts :

Le premier, c'est de permettre la tenue des livres, de centraliser tous les renseignements, les grouper encore de façon à pouvoir présenter au Chef de l'entreprise les résultats obtenus dans la gestion de cette entreprise ;

Le deuxième, c'est de pouvoir permettre aux différents bureaux de l'Administration centrale et du Contrôle commun de contrôler si les opérations des gares sont bien régulières et surtout sincères.

Malgré toutes les précautions prises, l'expérience a démontré qu'elles n'étaient pas encore suffisantes et l'on a été amené à faire procéder à des vérifications comptables sur place.

Ces vérifications, qui doivent être inopinées, ont pour but de se rendre compte que les agents versent bien toutes les sommes encaissées et de s'assurer que les chiffres que les gares adressent à l'Administration centrale sont bien les mêmes que ceux qui existent réellement d'après les livres de la gare.

Le Chef de gare doit vérifier, une fois tous les deux mois, la gestion de chacun des agents placés sous ses ordres.

En outre, la gare est vérifiée au moins quatre fois par an, trois fois par les Contrôleurs de l'Exploitation de Mouvement ou de Comptabilité et une fois par un Inspecteur de Comptabilité attaché à l'Administration centrale.

Malgré ces nombreuses vérifications, il arrive encore de temps en temps, malheureusement, que des agents se servent des deniers de la Compagnie pour leurs besoins personnels et falsifient leur comptabilité.

Ils sont révoqués impitoyablement.

Les agents n'en arrivent là que par suite de mauvaise conduite, mauvaises relations ou de vices.

Je fais appel aux bons sentiments qui vous animent aujourd'hui pour vous demander d'être toujours des hommes honnêtes, fiers de pouvoir lever la tête.

Ayez toujours à cœur de ne pas vous laisser entraîner dans le vice et de rehausser par votre conduite et vos actes le prestige de toute la famille des Cheminots.

TABLE DES MATIÈRES

NOMENCLATURE

des différents Imprimés Comptables utilisés dans les Gares

IMPRIMÉS COURANTS

ÉTATS DE FIN DE MOIS

VOYAGEURS

1 — Demande de billets de voyageurs.

1 *bis* — Demande de cartes d'abonnement, billets spéciaux, etc.

2 — Bordereau journalier de versement des arrêts.

5 — Livre d'inscription des billets reçus en approvisionnement.

7 — Livre d'inscription des billets passe-partout.

12 — Carnet de décompte des billets.

17 — Récapitulation des recettes de toutes natures sur billets.

Les imprimés modèle 11 *bis* et 11 *bis* A, 13 *ter* et 13 *ter* A utilisés dans certaines grandes gares servent à la fois de carnet de décompte et d'états de fin de mois pour les billets fixes et passe-partout du trafic intérieur et du trafic direct.

8 *bis* Etat du nombre et du produit des billets de chiens.

9 *bis*, 19 ou 19 *bis* Etat récapitulatif du produit des billets.

9, 9 *bis*, 11, 11 *bis* ou 11 *bis* A. Bordereaux des billets fixes ou passe-partout du trafic intérieur.

13, 13 *bis*, 13 *ter* ou 13 *ter* A. Bordereaux des billets fixes et passe-partout à destination des Compagnies étrangères.

16 Relevé justificatif des garanties sur cartes d'abonnement.

32, 32 *bis* A, 32 *bis* B et 32 *ter*. Etat du nombre et produit des billets pour la perception de l'impôt sur l'exemption.

69 *bis* Bordereau des cartes et billets spéciaux du trafic intérieur.

69 *ter* Bordereau des cartes et billets spéciaux du trafic direct.

69 *quater* Bordereau des billets spéciaux du trafic international.

756 Cahier annuel du nombre des voyageurs.

757 Cahier annuel du produit des voyageurs.

758 Tableau trimestriel du nombre et des produits des billets.

1032 Inventaire des billets de voyageurs.

Familles nombreuses

11 *ter* Etat des billets du Trafic intérieur et part P. O. sur billets du Trafic Direct.

13 *quater* Etat des billets du Trafic Direct, part des Compagnies correspondantes.

IMPRIMÉS COURANTS	ÉTATS DE FIN DE MOIS

CONTROLE

35 et 36	Carnets de perceptions supplémentaires.		15	Etat des billets retirés à la sortie.
15	Etat des billets retirés à la sortie.		18ᴬ	Etat des perceptions supplémentaires trafic direct.
20	Fiche journalière des billets retirés à la sortie.		18ᴮ	Etat des perceptions supplémentaires trafic intérieur récapitulatif.
315	Livre d'entrée des objets trouvés.		70	Etat des primes sur perceptions supplémentaires.
576	Attestation pour enfant de moins de 7 ans.			

BAGAGES

60ᴾᶜ	Carnet de bagages.		62	Etat mensuel des perceptions sur bagages (double).
61	Duplicata de la feuille de route.		62 bis	Etat mensuel des perceptions sur bagages (intercalaire).
			63	Récapitulation mensuelle du produit des bagages.
			64	Etat mensuel des bagages et chiens du trafic direct.

CONSIGNE

66ᵇⁱˢᴾᶜ	Carnet de consigne.		227	Bordereau de perception de magasinage.
506	Carnet d'enregistrement des bagages non réclamés.		401	Bordereau des perceptions à l'arrivée des fiches provisoires de pesage.
Sans Nᵒ	Carnet d'inventaire.			

TELEGRAPHE

677	Carnets de bons de réponse payée.		401	Relevé des perceptions du mois...
698 bis	Télégramme au départ.		1382	Compte du mois de...
698 ter	Télégramme à l'arrivée.			
711	Enveloppe pour télégramme.			
1363	Journal des recettes.			
1394	Carnet de récépissé de dépôt.			

POSTAUX FRANÇAIS

192	Carnet d'expédition.		226	Etat mensuel des sommes dues aux correspondants.
241	Carnet de livraison en gare.			
241ᴾᶜ	Carnet de livraison à domicile.		20ᶜᶜ / 247ᴾᶜ	Relevé des bulletins postaux reçus.
245ᴾᶜ	Lettre d'avis pour colis postaux.			
245ᵇⁱˢᴾᶜ	— remboursements postaux.		257	Relevé des primes d'assurance.
247ᴾᶜ	Avis de souffrance.		401	Relevé des perceptions pour factage éventuel.
240	Etiquette « inscrit à la livraison ».			
254	— « exprès ».			
255	— « valeur déclarée ».			
256	— « franc de droit ».			
264ᴾᶜ / 18ᶜᶜ	Duplicata de bulletin postal.			
CC. 4	Avis de réception d'un colis postal.			

IMPRIMÉS COURANTS

ÉTATS DE FIN DE MOIS

POSTAUX INTERNATIONAUX

188	Etiquette (remboursement).	21cc / 195ᴾᴼ	Relevé mensuel des expéditions par bureau d'échange.
190	Etiquette double numérotée.		
190 bis	Etiquette d'acheminement.	23cc / 196ᴾᴼ	Etat récapitulatif des expéditions.
193	Carnet d'expéditions.		
240	Enveloppe pour mandat H.	25cc / 248ᴾᴼ	Relevé mensuel pour pays d'origine des colis reçus.
243	Carnet de livraison en gare.		
246	Avis de souffrance.	30cc	Bordereaux des mandats H payés.
262	Certificat pour remboursement de frais de douane.	31cc	— H reçus.
263	Demande de retrait ou de rectification d'adresse.	32cc	— H annulés ou réexpédiés.
264	Bulletin d'affranchissement.	401	Relevé des perceptions pour factage éventuel.
273ᴺ	Bulletin de réclamation.		
275ᴸ	Formule pour demander le retour d'un colis.		
276	Demande de réduction ou d'annulation de remboursement.		
	Mandat H.		

GRANDE VITESSE-DEPART

100	Etiquette bulle numéro noir trafic intérieur.	158	Bordereau des expéditions service intérieur (récapitulé).
101	Etiquette bulle numéro rouge trafic direct.	161ᴾᴼ / 355cc	Bordereau des colis agricoles expédiés, Trafic Intérieur et Trafic Direct réunis.
116	Bulletin d'accusé de réception (valeur de 10.000 francs et au-dessus).	168 / 320cc-420cc	Bordereau des remboursements émis et amortis (récapitulé).
157ᴬ	Déclaration d'expédition G. V.	307cc	Bordereau des expéditions trafic direct (récapitulé).
157ᴮ	— Finances.	753	Relevé des recettes du trafic intérieur G. V. par destination (cahier annuel établi suivant ordre de l'Administration centrale seulement).
157ᵁ	— Halles.		
157ᴼ	— Octroi.		
141ᴾᶜ	Récépissé.		
142ᴾᶜ	—		
147	Carnet pour transport de troupes avec bon de chemin de fer.		
150	Carnet d'émargement des valeurs.		
151	Feuille de tonnage.		
158	Carnet des expéditions trafic intérieur.		
161ᴾᴼ / 355cc	Carnet d'expédition des colis agricoles.		
168ᴾᴼ / 320cc-420cc	Carnet des remboursements émis et amortis.		
230	Enveloppes pour avis d'encaissement.		
307cc	Carnet des expéditions trafic direct.		

GRANDE VITESSE-DEPART (*Suite*)

377   Compte des timbres.

534   Lettre pour la réexpédition d'un colis grevé de remboursement.

550   Transport de petits colis.

554   Transport de petits colis en emballages spéciaux.

GRANDE VITESSE-ARRIVEE

175 / 321cc-421cc   Carnet des remboursements reçus.

206   Livre d'arrivages trafic intérieur.

284po / 322cc-422cc   Carnet de renvoi des avis d'encaissement.

311cc   Livre d'arrivages trafic direct.

542 *ter*   Bulletin de constatation de colis sans feuille.

175 / 321cc-421cc   Bordereau de remboursements reçus (récapitulé).

206   Bordereaux des arrivages trafic intérieur (récapitulé).

207po / 365cc   Etat des colis agricoles reçus.

227   Bordereau de magasinage.

229   Etat mensuel des D. et T. de service.

284po / 322cc-422cc   Bordereau de renvoi des avis d'encaissement (récapitulé).

301   Balance mensuelle des souffrances.

305   — des lettres de voitures impayées.

311cc   Compte des arrivages trafic direct (récapitulé par réseau).

312cc   Etat récapitulatif du compte des arrivages trafic direct.

330cc   Bordereau des transports à régler CC.

332cc   Bordereau des rectifications prescrites par le CC.

PETITE VITESSE-DEPART

100 *bis*   Etiquette verte n° noir (trafic intérieur).

101 *bis*   Etiquette verte n° rouge (trafic direct).

102   Déclaration d'expédition.

111   Quittances de débours à présentation.

133bispc   Piqûre P. V. (écritures).

134bispc   —

135bispc   —

136bispc   —

137bispc   —

138pc   Piqûre P. V. transports (Guerre, Marine, Finances).

140   Bandes pour l'envoi de pièces comptables.

158   Bordereau des expéditions trafic intérieur (récapitulé).

168 / 320cc-420cc   Bordereau des remboursements émis et amortis (récapitulé).

407cc   Bordereau des expéditions trafic direct (récapitulé).

763   Cahier annuel du tonnaga des marchandises par nature.

764   Cahier annuel du tonnage des marchandises par gare destinataire.

PETITE VITESSE-DEPART (*Suite*)

151	
151bis }	Feuilles de tonnage.
152	
158	Carnet d'expéditions trafic intérieur.
168 / 320cc-420cc	Carnet des remboursements émis et amortis.
351	Carnets d'ordre de caisse.
407cc	Carnet d'expédition trafic direct.

PETITE VITESSE-ARRIVEE

167	Etat d'entrée et de sortie des wagons.		167	Etat d'entrée et de sortie des wagons (récapitulé).
175 / 321cc-421cc	Carnet des remboursements reçus.		175 / 321cc-421cc	Bordereau des remboursements reçus (récapitulé).
204	Livre d'arrivages trafic intérieur.		204	Bordereau des arrivages trafic intérieur (récapitulé).
284po / 322cc-422cc	Carnet de renvoi des avis d'encaissement.		227	Bordereau de magasinage.
215	Registre des avis téléphoniques.		229	Etat des D. et T. de service.
228	Etats des transports réglés en compte courant.		284po / 322cc-422cc	Bordereau de renvoi des avis d'encaissement.
411cc	Livre d'arrivages trafic direct.		301	Balance mensuelle des souffrances.
751	Etat de dépouillement de statistique.		305	Balance mensuelle des impayées.
752	— —		411cc	Compte des arrivages trafic direct (récapitulé par réseau).
1191	Carnet d'entrée et de sortie des wagons sur embranchement particulier.		412cc	Etat récapitulatif arrivages trafic direct.
			430cc	Bordereau des transports à régler.
			432cc	Bordereau des rectifications prescrites par le CC.
			666	Etat des transports effectués sur embranchements militaires.
			667	Etat des transports effectués sur embranchements particuliers.
			759	Cahier annuel des marchandises reçues par gare de transit.
			765	Relevé annuel des combustibles.
			1199 *bis*	Fluctuation du trafic.
			1199D	— combustible.

CAISSE CENTRALE

285po / 323cc-423cc	Carnet de rentrée des avis d'encaissement.		285po / 323cc-423cc	Bordereau de rentrée des avis d'encaissement (récapitulé).
355	Registre de consignation.			
357	Livre de caisse centrale.			
358	— —			
366	Enveloppe pour billets de banque.			
368	Bordereau de versement caisse du service général.			

CAISSE CENTRALE (*Suite*)

370	Bordereau de vente d'obligations nominatives.
371	Bordereau des coupons remis à la gare de...
369	Carnet de vente d'obligations.
372	Carnet de paiement des titres et coupons.
373	Carnet de demande de mutations transfert.
374	Relevé des bordereaux d'arrérages.
375	Demande de chèques.
377	Compte des timbres.
378	Relevé des mémoires.
1067	Etat d'émargement des sommes payées aux auxiliaires.

LIQUIDATION GENERALE

159	Relevé des bordereaux 212.	401	Recettes à différents titres.
404	Carnet de situation générale.	237	Bulletin des recettes.
405	— — contrôle commun.	277	Résultat du port des lettres.
410	Livre de rectifications.	406	Bordereau de liquidation principale.
754	Livre de mouvement commercial (trafic intérieur)	501cc	Annexe au bordereau de liquidation.
754 *bis*	Livre de mouvement commercial (trafic direct).	503cc	Etiquette pour l'envoi des pièces comptables G. V. (trafic direct).
1001	Demande de feuilles timbrées.	503bis cc	Etiquette pour l'envoi des pièces comptables P. V. (trafic direct).
1002	Demande d'imprimés.	656	Etat mensuel des remises de compagnie à compagnie.
1010	Bulletin de renvoi d'imprimés à l'Economat.	755	Relevé mensuel des livres du mouvement commercial.
1060	Carnet des dépenses des gares.	1484	Nombre des enregistrements (état annuel).

DIVERS

1146	Indemnités, horaires de déplacement du personnel du contrôle de surveillance et d'inspection.	1059	Situation mensuelle des dépenses du personnel des gares.
1160	Feuille de déplacement.	1059A	Annexe à la situation mensuelle des dépenses du personnel des gares.
1161	Etat récapitulatif des feuilles de déplacement.	1059B	Annexe à la situation mensuelle des dépenses du personnel des gares.
		1179	Situation mensuelle des dépenses du personnel des gares.
		1183	Situation mensuelle des dépenses du personnel des gares.

IMPRIMES DE VERIFICATION

1031	Application des instructions et circulaires.	1036	Situation des carnets de vente d'obligations.
1032	Inventaire des billets.	1037	Relevé des reprises effectuées sur le bureau des recettes.
1033	Relevé des articles restant à liquider, simple ou double.	1038	Relevé des rectifications.
1034	Relevé des titres qui n'ont pu être présentés.	1039	Bordereau de situation de caisse.
1035	Rapport spécial sur le service des Ecritures de la gare.	1040	Procès-verbal avec pièces justificatives de la vérification.
		1041	Rapport de M.

IMPRIMES COMMUNS A PLUSIEURS SERVICES

109	Déclaration de douane.	226	Etat mensuel des sommes dues aux correspondants pour factage des postaux.
115	Facture de transport de l'Etat.		
117	Bulletin d'affranchissement.	233	Récépissé provisoire.
125	Formule d'avis d'encaissement.	230	Enveloppe pour retour d'avis d'encaissement.
125 *bis*	Duplicata du coupon d'avis d'encaissement.		
144	Déclaration feuille de route pour les transports de l'Etat.	266^{PC}	Avis de souffrance.
145	Carnet de débours pour le transport du Ministère des Finances.	283	Récépissé destiné à suppléer le cas échéant à l'absence de celui qui adhère au mod. 125.
146	Relevé des ordres de transport A et B.	303	Livre d'entrée des marchandises en souffrance.
208	Avis de redressement de taxe.	304	Livre de sortie des marchandises en souffrance.
209	Lettre d'avis.	307	Livre d'entrée des lettres de voitures impayées.
210^{PC}	— — G. V.		
210^{PC}	— — P. V.	308	Livre de sortie des lettres de voitures impayées.
210 *bis*	Accusé de réception des avis par exprès.	310	Dossier.
211	Facture de transport non timbrée.	311	Carte étiquette pour marchandises en souffrance.
212	Relevé des titres repris en compte courant.	318^A	Avis de colis en trop.
213	Déclaration de réduction.	318^A *ter*	— — au magasin central.
214	Lettre pour réclamer un remboursement au correspondant.	318^B	Avis de colis en moins.
216	Avis à l'expéditeur pour remboursement à toucher.	318^B *ter*	— — au magasin central.
217	Demande de récépissé soit aux expéditeurs soit aux destinataires en vue de détaxe à opérer.	320	Dossier litige.
220 ou 221	Bordereau de réexpédition.	332	Carnet des colis en trop.
222	Bordereau de factage ou de camionnage.	332 *bis*	— des colis en moins.
222^{PC}	Bordereau de factage ou de camionnage.	333	Répertoire des inventaires.
		352	Reçu de M.
223	Livre de crédit.	353	Reçu de la Compagnie.
		356	Livre de caisse partielle.

LIVRE **V**

IMPRIMES COMMUNS A PLUSIEURS SERVICES (*Suite*)

368	Bordereau de versement à la caisse centrale.
376	Avis de versement aux recettes à différents titres.
379	Quittance pour indemnité.
381	Carnet de prélèvement de fonds pour litiges.
401	Bordereau de versement aux recettes à différents titres.
402	Bordereau de situation partielle.
403	Carnet de situation partielle.
415	Carnet de mouvement des soldes.
507	Fiche de virement.
551 552	Carnet de pointage des journées de présence.
973	Registre pour l'inscription des irrégularités.
1016 *bis*	Note à joindre aux règlements litigieux.
1030	Demande de transport.
1362	Fiche (néant).
1575	Répertoire des taxes.
1672	Situation des dépenses, indemnités payées.
1672ᴬ	Relevé des indemnités payées.

LIVRE DE CAISSE

Journées des 3, 4, 5 et 6 Mai 1927

LIVRE DE CAISSE

Journée du 3 Mai 1927

Mod. **356.** -- Art. 671, 672 et 676 du Règl' de Comptabilité.

NATURE DES OPÉRATIONS ET DÉSIGNATION DES PARTIES PAYANTES OU PRENANTES	SOMMES ENCAISSÉES		SOMMES PAYÉES	
Solde de la veille	516	25		
Voyageurs fixes	80	60		
— passe-partout				
Bagages	2	05		
Consigne n° 1203	1	»		
Taxe sur postaux internationaux	3	50		
Au delà G. V. payé au correspond'			0	25
Montant des Opérations	603	40	0	25
Excédent de Caisse				
Espèces en Caisse	603	15		
Déficit de Caisse			603	15
			603	40

Montant des Encaissements	603	40
Montant des Paiements	0	25
DIFFÉRENCE	603	15
Restant en Caisse	603	15
DÉFICIT OU EXCÉDENT	»	»

Détail des Espèces et valeurs en Caisse

Billets	500	»
Or		
Pièces de 5 fr. argent	10	»
Monnaie	80	»
Billon	11	05
Timbres-poste	1	50
Timbres sur avis	0	60
TOTAL	603	15

LIVRE DE CAISSE

Journée du 4 Mai 1927

Mod. **356.** — Art. 671, 672 et 676 du Règle⁺ de Comptabilité.

NATURE DES OPÉRATIONS ET DÉSIGNATION DES PARTIES PAYANTES OU PRENANTES	SOMMES ENCAISSÉES		SOMMES PAYÉES	
Solde de la veille.............................	603	15		
Voyageurs fixes	42	40		
— passe-partout....................	40	15		
Ports payés G. V. intérieur...................	2	50		
Crédit G. V. intérieur du 30/4 2ᵐᵉ 3 50.......	3	50		
Remboursᵗˢ encaissés trafic intᵉʳ du 30/4 3ᵐᵉ 225 » ⎫				
— — trafic dirᵗ G. V. — — 25 » ⎬	675	»		
— — trafic dirᵗ P. V. du 4/5 — 125 » ⎭				
Crédit P. V. intérieur du 30/4 12 » ⎫				
— — du 30/4 3ᵐᵉ 9 80 ⎭	21	80		
401. Au-delà inutilisé P. V........	0	50		
Au-delà G. V. payé au correspondᵗ			0	25
Au-delà P. V. inutilisé versé pʳ 401.			0	50
Versement à la caisse du service général			300	»
(Remboursements à payer 910 fr.)				
Montant des opérations........	1.389	»	300	75
Excédent de Caisse..............				
Espèces en Caisse..............	1.088	25		
Déficit de Caisse...............			1.088	25
			1.389	»

Montant des Encaissements......	1.389	»
Montant des Paiements...	300	75
Différence......	1.083	25
Restant en Caisse........	1.088	25
Déficit ou Excédent.....	»	»

Détail des Espèces et valeurs en Caisse

Billets....................	1.000	»
Or......................		
Pièces de 5 fr. argent.....	10	»
Monnaie.................	64	»
Billon....................	10	30
Timbres-poste	3	35
Timbres sur avis.........	0	C0
Total......	1.088	25

LIVRE DE CAISSE

Journée du 5 Mai 1927

Mod. **356.** — Art. 671, 672 et 676 du Règle' de Comptabilité.

NATURE DES OPÉRATIONS ET DÉSIGNATION DES PARTIES PAYANTES OU PRENANTES	SOMMES ENCAISSÉES		SOMMES PAYÉES	
Solde de la veille	1.088	25		
Voyageurs fixes	15	85		
— passe-partout	13	55		
Billets de chiens	2	»		
Ports payés G. V., trafic direct	5	»		
Ports payés P. V., trafic intérieur	5	»		
Crédit G. V. Trafic direct, du 30/4 2me 5 25	5	25		
Bulletins postaux vendus	3	05		
Débours. G. V., trafic direct			3	50
Débours. P. V., trafic intérieur			6	50
Remboursement payé à M. Durand sur art. postal 18450 du 25 avril à Paris (Complémentaire)			35	»
Remboursement payé à M. Bordier sur art. postal 21695 du 20 avril à Orléans (Complémentaire)			75	»
Remboursement payé à M. Durand sur art. G. V. n° 592 du 2 mai à Orléans (mois courant)			800	»
Montant des Opérations	1.137	95	920	»
Excédent de Caisse				
Espèces en Caisse	217	05		
Déficit de Caisse	0	90	217	95
			1.137	95

Montant des Encaissements	1.137	95
Montant des Paiements	920	»
DIFFÉRENCE	217	95
Restant en Caisse	217	05
DÉFICIT	»	90

Détail des Espèces et valeurs en Caisse

Billets	50	»
Or		
Pièces de 5 fr. argent	60	»
Monnaie	93	»
Billon	10	50
Timbres-poste	3	15
Timbres sur avis	0	40
TOTAL	217	05

LIVRE DE CAISSE

Journée du 6 Mai 1927

Mod. **356.** — Art. 671, 672 et 676 du Règle' de Comptabilité.

NATURE DES OPÉRATIONS ET DÉSIGNATION DES PARTIES PAYANTES OU PRENANTES	SOMMES ENCAISSÉES		SOMMES PAYÉES	
Solde de la veille..	217	95		
Voyageurs fixes	65	20		
— passe partout..	99	35		
Timbres quittance..	0	20		
Crédit G. V. Intérieur du 3/5 5. 50 } Crédit G. V. Trafit direct du 3/5 8 25 }	13	75		
Crédit P. V. Trafic direct du 30/4 8 » } Crédit P. V. Trafic direct du 30/4 3° 12 » }	20	»		

Montant des Encaissements......	416	75			
Montant des Paiements...	0	75			
DIFFÉRENCE.....	416	»	Au delà G. V. payé au correspond'.	.0	50
Restant en Caisse.........	416	»	Au delà P. V. payé au correspond'.	0	25
DÉFICIT OU EXCÉDANT....	»	»			

Détail des Espéces et Valeurs en Caisse

Billets......................	350	»			
Or........................					
Pièces de 5 fr. argent.....					
Monnaie...................	60	»			
Billon.....................	2	35			
Timbres-poste	5	»	Montant des Opérations.	416	75	0	75
Timbres quittance........	0	40	Excédent de Caisse...............			
Timbres sur avis.........	0	25	Espèces en Caisse.................	416	» }	
			Déficit de Caisse.................		416	»
TOTAL........	416	»		416	75

LIVRE V

SITUATION GÉNÉRALE

Mod. 403.

DÉBIT

1re Décade du mois d'avril 1927. — Gestion de M...........

DÉSIGNATION DES COMPTES	1	2	3	4	5	6	7	8	9	10	11	TOTAL de la décade	REPORT décade précédente	TOTAL depuis le 1er	PÉRIODE supplémentaire	TOTAL général du mois
Voyageurs fixes	28 50	18 25	16 90	44 60	21 70	6 50	8 90	32 »	7 90	19 50		250 »				
— passe-port	14 95	3 90	30 95	8 95	52 15	19 2»	7 60	36 »	13 90	22 »0		273 65				
Perceptions supplém.	»	»	»	»	»	0 »0	»	»	2 50			2 90				
Billets délivrés aux arrêts																
Billets de chiens	»	»	2 60	»	»	»	»	»	»	»		6 60				
Bagages et chiens	»	»	»	»	»	2 5»	»	7 75	8 65	»		15 55				
Ports payés G. V. S. Int.	4 75	»	»	»	»	»	»	»	»	»		4 75				
Ports payés P. V. S. Int.	»	»	»	»	»	»	12 50	»	»	»		12 50				
Ports dus G. V. S. Int.	2 50	»	»	13 35	»	»	»	»	»	»		15 75				
Ports dus P. V. S. Int.	»	»	»	»	22 25	»	»	»	»	»		22 25				
Remboursements à consigner	»	»	50 »	»	600 »	»	65 »	55 »	»			850 »				
Consigne G.V. / Gr. vitesse / Consignes Pte vitesse																
Timbres quittance	»	»	»	»	»	»	»	0 50	»	»		0 50				
Portage échéant sur colis postaux																
Recettes à distribuer / téléphones privées / Chargement de publications / Bulletins publiés, vignettes, etc.	505 70	»	»	»	»	»	»	»	»	»		565 70				
Souscription aux publications de la C°. / Obligations reçues																
Pénal. / Ports dus P.V. / compte / Ports dus P.V. remboursement / courant / à écoult.												» / » / »	» / » / »	» / » / »		» / » / »
Rectifications de l'Administr. Centrale	»	»	»	»	»	»	»	»	»	73 50		73 50				
Contrôle commun	»	2 50	5 40	8 30	412 90	»	8 3»	»	»	9 50		444 50				
Contrôle commun, période supplémentaire												»	»	»		»
Totaux des débits	856 30	59 70	114 30	72 30	843 30	56 50	36 50	148 25	68 75	422 25		3.432 50				
Solde net antérieur	»	856 30	916 »	1.696 35	1.103 15	2.048 40	9.191 65	1.769 15	1.865 70	1.931 45		»				
Totaux	856 30	916 »	1.030 30	1.169 65	2.046 65	2.104 90	9.228 15	1.921 40	1.934 45	2.359 70		2.432 50				
Report des crédits	»	»	»	0 30	»	5 95	690 »	21 70	»	1 50		446 30				
SOLDE NET	856 30	916 »	1.030 35	1.169 35	2.046 65	2.104 90	1.769 15	1.894 30	1.931 45	1.992 50		1.992 30				

Livre V

CRÉDIT

1re Décade du mois d'avril 1927. — Gestion de M...........

DÉSIGNATION DES COMPTES	1	2	3	4	5	6	7	8	9	10	11	TOTAL de la décade	REPORT décade précédente	TOTAL depuis le 1er	PÉRIODE supplémentaire	TOTAL général du mois
Numéraire et mandats envoyés à la Caisse centrale à Paris	»	»	»	»	»	»	400 »	»	»	»		400 »				
Comptes courants	»	»	»	»	»	»	»	36 70	»	»		36 70				
Débours G. V. S. Int.	»	»	»	0 25	»	»	»	»	»	»		0 25				
Débours P. V. S. Int.	»	»	»	»	»	»	»	»	»	1 60		1 50				
Au delà G. V. S. Int.														»		
Au delà P. V. S. Int.																
Remboursements amortis												»	»	»		»
Dépêches privées																
Pénalité / compte / Au delà G. V. / Au delà P. V. / supplémentaire / Remboursements amortis												» / »	» / »	» / »		» / »
Rectifications de l'Administr. Centrale																
Contrôle commun	»	»	»	8 25	»	2 50	»	»	»	»		0 75				
Contrôle commun, période supplémentaire												»	»	»		»
Totaux du crédit	»	»	»	7 50	»	2 50	590 »	45 50	»	1 50		450 30				
Soldes débiteurs																
Ports dus G. V.	2 50	2 50	»	11 75	»	64 65	64 10	64 45	64 45	52 15						
Ports dus P. V.																
Remboursements à consigner	»	»	»	»	600 »	»	600 »	600 »	556 »	624 »						
Mandats H.																
Documents de publicité																
Bulletins publiés, vignettes, timbres, etc.	565 70	565 70	405 70	510 50	270 50	790 50	846 50	802 50	802 55	502 70						
Fonds de roulement																
Solde de caisse	48 50	182 90	234 55	285 50	376 50	444 50	10 »	135 50	340 45	861 10						
Obligations de la C°																
Solde des rectifications A. Int.												»	»	72 75		
Solde des rectifications																
Contrôle commun												»	»	0 50		
Totaux	856 30	»	1.030 35	1.103 40	2.046 65	2.101 65	1.329 15	841 50	1.394 45	1.992 30						
Report des soldes créditeurs	»	»	9 95	»	»	»	»	»	»	»						
Solde net	856 30	916 »	1.030 35	1.103 15	2.046 65	2.104 65	1.759 15	1.5»» 30	1.931 45	1.992 30						
Soldes créditeurs																
Au delà G. V.	»	»	»	0 95	»	»	»	»	»	»						
Justification du solde / Au delà P. V.																
Remb. amortis / du 1er au 10 du mois suivant																
Totaux des soldes créditeurs	»	»	»	0 95	»	»	»	»	»	»						

Livre V

2ᵉ Décade du mois d'avril 1927. — *Gestion de M.* ....

Mod. **403.**

DÉSIGNATION DES COMPTES	1	2	3	4	5	6	7	8	9	10	11	TOTAL de la décade	RAPPORT décade précédente	TOTAL depuis le 1ᵉʳ	PÉRIODE complémentaire	TOTAL général du mois
Voyageurs fixes	[illegible]	[illegible]	[illegible]	[illegible]	[illegible]	[illegible]	[illegible]	[illegible]	[illegible]	[illegible]		196 50	256 »	442 50		
— plaçe-part.	[illegible]	[illegible]	[illegible]	[illegible]	[illegible]	[illegible]	[illegible]	[illegible]	[illegible]	[illegible]		163 25	273 65	456 90		
Perceptions supplém.	»	»	»	»	»	2 90	»	»	»	»		2 90	2 60	2 55		
Billets délivrés aux arrêts																
Billets de chiens	»	»	»	1 70	»	»	»	»	»	1 20		3 »	6 60	9 60		
Bagages et chiens	1 75	»	»	»	»	»	»	»	»	»		1 75	15 35	17 10		
Ports payés G. V. S. Int.	»	1 55	»	»	»	»	»	»	2 »	1 70		7 50	4 75	12 30		
Ports payés P. V. S. Int.	»	»	»	»	8 75	»	»	»	»	»		8 25	12 50	29 75		
Ports dus G. V. S. Int.	»	3 55	»	»	»	»	»	»	»	123 95		122 95	15 70	148 95		
Ports dus P. V. S. Int.	»	»	»	»	»	»	»	»	»	24 70		24 70	52 25	76 95		
Remboursements à recouvrer	»	»	»	»	»	»	»	»	240 »			500 »	500 »	750 »		
Vignettes taxe { Consignes																
{ En vigueur	»	»	»	»	»	»	»	»	22 »	»		22 »	»	22 »		
{ Pu vigueur																
Timbres quittance	»	0 50	»	»	»	»	»	»	»	»		0 50	0 50	1 »		
Portage éventuel sur colis postaux																
Recettes à affranchir	»	»	»	»	»	20 »	»	»	»	»		20 »	»	20 »		
Dépêches privées																
Mandats et public. vité																
Bulletins postaux, vignettes, etc.	»	»	»	»	»	»	»	»	»	»		402 70	402 70			
Souscriptions aux publications de la Cⁱᵉ																
Obligations reprises																
Frais complémentaires { Ports dus S.E.												»	»	»		»
{ Ports dus P.V.												»	»	»		»
{ Remboursements à encaisser												»	»	»		»
Rectifications de l'Administr. Centrale	»	»	»	»	»	»	»	»	»	»		»	12 50	12 50		
Contrôle commun	»	37 50	»	0 50	2 25	»	18 70	»	132 »	4 90		536 55	144 25	681 20		
Contrôle commun, période complémentaire												»	»	»		»
Totaux des débits	19 60	127 60	26 25	45 40	51 60	54 15	98 05	36 55	501 55	70 10		1.919 60	2.432 50	4.662 10		
Solde net antérieur	1.992 30	2.011 90	2.051 60	1.804 85	1.949 90	1.593 80	1.509 65	2.655 60	2.083 20	1.426 15						
Totaux	2.011 90	2.139 50	2.111 85	1.850 50	1.945 85	1.591 31	2.105 65	2.606 55	2.606 55	1.492 31		»	»	3.482 90		
Report des crédits	»	63 90	270 »	»	2 25	35 50	9 95	5 78	3.296 »	1 »				1.385 95		
SOLDE NET	2.011 90	2.051 60	1.804 85	1.950 50	1.943 60	1.509 80	1.504 65	2.048 60	1.495 75	1.456 15		»	»	1.490 15		

2ᵉ Décade du mois d'avril 1927. — *Gestion de M.* ....

DÉSIGNATION DES COMPTES	1	2	3	4	5	6	7	8	9	10	11	TOTAL de la décade	RAPPORT décade précédente	TOTAL depuis le 1ᵉʳ	PÉRIODE complémentaire	TOTAL général du mois
Numéraires et mandats envoyés à la Caisse centrale à Paris	»	»	»	»	»	»	»	»	1.200 »	»		1.200 »	400 »	1.000 »		
Comptes courants	»	55 »	»	»	»	25 30	»	»	»	»		80 30	35 70	116 »		
Débiteurs G. V. S. Int.	»	»	»	»	»	»	»	»	»	»		»	0 25	0 25		
Débiteurs P. V. S. Int.	»	»	»	»	2 25	»	»	»	»	»		2 25	1 60	3 25		
Au delà G. V. S. Int.	»	0 25	»	»	»	»	»	»	»	»		0 25	»	0 25		
Au delà P. V. S. Int.	»	»	»	»	»	»	»	»	»	0 50		0 50	»	0 50		
Remboursements amortis	»	»	150 »	»	»	»	»	»	»	»		150 »	»	150 »		
Dépêches privées																
Primes encaissées { Au delà G. V.												»	»	»		»
comptes { Au delà P. V.												»	»	»		»
courants { Net souscrite amortis												»	»	»		»
Rectifications de l'Administr. Centrale	»	8 05	240 »	»	»	8 95	7 35	»	8 90			112 45	2 75	115 20		
Contrôle commun																
Contrôle commun, période complémentaire	»	»	»	»	»	»	»	»	»	»		»	»	»		
Total du crédit	»	63 90	270 »	»	2 25	35 50	9 95	5 78	3.296 »	1 »		1.545 75	438 20	1.945 95		
Soldes débiteurs																
Ports dus G. V.	3 »	12 75	10 35	»	33 35	53 35	42 25	32 25	129 95	123 90						
Ports dus P. V.	15 25	59 25	32 55	10 25	»	»	»	»	»	39 50						
Remboursements à encaisser	400 »	400 »	400 »	400 »	400 »	400 »	400 »	400 »	330 »	»						
Mandats G.	»	50 »	50 »	»	»	»	»	»	»	»						
Documents de publicité																
Bulletins postaux, vignettes, etc.	802 95	802 95	802 95	802 95	799 40	799 40	799 40	799 40	796 40	796 40						
Fonds de roulement à encaisser pour le service de la voie	»	»	»	»	»	»	20 »	15 »	»	»						
Solde de caisse	334 70	337 90	177 15	334 30	708 35	246 90	246 45	303 60	439 65	533 50						
Obligations de la Cⁱᵉ																
Solde des rectifications S. Int.	12 50	12 50	12 50	12 50	12 50	»	»	»	»	»						
Solde des rectifications Contrôle commun	0 50	0 50	0 50	0 20	0 50	0 50	0 50	0 50	5 50	5 50						
Totaux	2.011 90	2.016 85	1.865 10	1.963 50	1.942 90	1.969 85	2.036 60	2.052 20	1.426 75	1.491 15						
Report des soldes créditeurs	»	0 25	0 25	»	»	»	»	»	»	1 »						
SOLDE NET	2.011 90	2.015 60	1.864 85	1.959 50	1.942 90	1.968 85	2.036 00	2.051 70	1.426 75	1.490 15						
Soldes créditeurs																
Justification du solde { Au delà G. V.	»	0 25	0 25	»	»	»	»	»	»	»						
{ Au delà P. V.																
{ Retenues restituées au 1ᵉʳ et 10 du mois suiv.																
Totaux des soldes créditeurs	»	0 25	0 25	»	»	»	»	»	»	1 »						

DÉBIT

3e Décade du mois d'avril 1927. — *Gestion de M*

Mod. **403.**

DÉSIGNATION des comptes	1	2	3	4	5	6	7	8	9	10	11	TOTAL de la décade	REPORT décade précédente	TOTAL depuis le 1er	PÉRIODE complémentaire	TOTAL général du mois
Voyageurs fixes	23 60	30 75	41 45	22 35	21 45	60 30	48 70	21 30	26 35	64 40	»	518 35	442 50	960 85	»	} 1.016 85
— passe-part.	0 50	»	20 45	148 40	7 15	»	11 »	11 40	17 30	124 45	»	320 35	458 90	780 25	»	
Perceptions supplém.	»	»	»	»	»	4 20	»	»	»	»	»	4 20	5 55	9 75	»	
Billets délivrés aux arrêts																
Billets de chiens	»	»	1 80	»	»	»	1 60	»	»	»	»	2 80	9 60	12 40	»	12 40
Bagages et chiens	3 50	»	»	»	»	»	»	»	2 15	»	»	5 65	17 10	22 75	»	22 75
Ports payés G. V. S. Int.	»	»	»	»	»	»	»	»	»	2 70	»	2 70	12 30	15 »	»	15 »
Ports payés P. V. S. Int.	»	»	»	»	»	»	»	»	12 20	»	»	12 20	20 70	32 90	»	32 90
Ports dus G. V. S. Int.	»	»	7 75	»	»	»	»	»	5 50	»	»	18 35	148 65	161 6	3 50	165 50
Ports dus P. V. S. Int.	»	»	»	»	»	»	»	»	»	62 »	»	12 »	76 90	88 90	9 60	
Remboursements à encaisser	»	»	»	»	»	»	»	»	»	»	»	»	740 »	590 »	295 »	975 »
Amén. dép. { Consigne Gde vitesse	»	»	»	0 40	»	»	»	»	»	»	»	9 80	»	9 80	»	9 80
{ Pte vitesse	»	»	»	»	»	»	»	»	»	»	»	22 »	23 »	23 »	»	23 »
Timbres quittance	»	»	»	0 25	»	»	»	»	»	6 25	»	8 40	1 »	1 50	»	1 50
Postage éventuel sur petits produits																
Recettes différ. tirées	»	»	»	50 »	»	»	»	»	»	»	»	10 »	20 »	50 »	»	50 »
Dépêches privées																
Instruments de publicité																
Bulletins postaux, vignettes, etc.						»						»	805 70	805 70	»	805 70
Souscription aux publications de la Cie	»	»	»	»	»	»	»	201 70	»	»	5 »	201 70	»	201 70	»	201 70
Obligations reçues																
Prêté compte courant { Ports dus G.V.												»	»	»	»	»
{ Ports dus P.V.												»	»	»	»	»
{ Remboursements à encaisser												»	»	»	»	»
Rectifications de l'Administr. Centrale	»	»	»	»	»	»	»	»	»	5 »	»	5 »	12 50	17 50	»	17 50
Contrôle commun	»	»	3 50	»	1 30	»	»	»	6 75	»	»	23 57	542 20	703 6	152 25	858 85
Contrôle commun, période complémentaire												»	»	»	»	»
Totaux des débits	27 10	50 85	88 35	132 10	32 80	64 50	64 50	454 90	59 40	315 80	»	1 731 30	3 442 10	4 623 70	460 55	5.908 85
Solde net antérieur	1.496 15	1.496 10	1.396 35	1.618 28	1.741 »	4.600 48	1.455 35	4.547 85	902 20	1.012 75	»	1.396 10	»	»	»	
Totaux	1.823 25	1.549 10	1.613 70	1.705 30	1.772 40	1.638 50	1.528 85	4.552 45	962 70	1.019 75	1.338 55	2.967 35	»	4.523 30	460 55	5.828 85
Report des crédits	35 »	15 75	9 30	24 30	100 »	0 75	»	2 004 380	»	»	»	1.689 80	»	3.418 55	111 25	3 554 »
Solde net	1.699 30	1.535 35	1.613 30	1.741 »	1.505 50	1.637 55	1.593 90	612 20	971 320	1.013 75	1.296 55	1.238 55	»	1.228 55	204 30	1.596 85

Livre V

CRÉDIT

3e Décade du mois d'avril 1927. — *Gestion de M*

DÉSIGNATION des comptes	1	2	3	4	5	6	7	8	9	10	11	TOTAL de la décade	REPORT décade précédente	TOTAL depuis le 1er	PÉRIODE complémentaire	TOTAL général du mois
Numéraire et monnaie envoyés à la Caisse centrale à Paris	»	»	»	»	»	»	»	1.200 »	»	»	»	1.200 »	1.600 »	2.800 »	»	2.800 »
Comptes courants	»	15 75	»	24 30	»	»	»	»	»	»	»	40 65	116 »	156 65	»	156 65
Débours G. V. S. Int.	»	»	»	»	»	» 25	»	»	»	»	»	0 25	0 25	0 50	»	0 50
Débours P. V. S. Int.	»	»	»	»	»	» 50	»	»	»	»	»	0 50	3 75	4 25	»	4 25
Au delà G. V. S. Int.	»	»	0 50	»	»	»	»	»	»	»	»	0 50	0 25	0 75	0 25	1 »
Au delà P. V. S. Int.	»	»	»	»	»	»	»	»	»	»	»	»	0 50	0 50	0 25	0 75
Remboursements acquis	»	»	»	»	720 »	»	»	»	»	»	»	120 »	150 »	270 »	60 »	330 »
Dépêches privées																
Périod. compl. semaine { Au delà G. V.												»	»	»	»	»
{ Au delà P. V.												»	»	»	»	»
{ Perceptions supplém.												»	»	»	»	»
Rectifications de l'Administ. Centrale	35 »	»	»	»	60 »	»	4 50	»	»	»	»	99 50	142 20	241 70	59 75	301 45
Contrôle commun, période complémentaire												»	»	»	»	»
Total du crédit	35 »	15 75	0 50	24 30	780 »	0 75	4 50	1 200 »	»	»	»	1.438 30	1.942 95	3 410 75	431 25	3.555 »
Soldes débiteurs																
Ports dus G. V.	»	»	1 55	1 3	4 15	»	»	»	»	0 30	4 30	Trafic intérieur 0 50 — direct 0 32	8 75	17 60		
Ports dus P. V.	39 50	1 50	»	»	»	»	»	»	»	»	20 »	Trafic intérieur 5 80 — direct 15 »	21 30	44 90		
Remboursements à encaisser	»	»	»	»	»	»	»	»	»	»	»	Trafic intérieur 455 — direct 150 »	378 »	975 »		
Manque 11.																
Documents du public (vis), etc.																
Bulletins postaux, vignettes, etc.	798 40	790 40	798 60	798 10	796 90	798 90	794 40	792 10	795 60	791 15						791 15
Timbres																
Fonds de roulement																
Solde de caisse	660 85	738 15	805 95	928 85	745 15	810 65	899 65	143 85	296 65	481 65						481 65
Obligations de la Cie	»	»	»	»	»	»	»	»	»	»						»
Solde des rectifications S. Int.	9 50	9 50	9 60	9 50	9 50	9 50	»	»	»	»						9 »
Solde des rectifications Contrôle commun																
Totaux	1.499 25	1.539 55	1.615 70	1.741 30	1.559 20	1.635 55	1.742 50	942 55	1.062 55	1.296 55					465 55	1.632 10
Report des soldes créditeurs	»	0 50	0 50	0 50	0 50	»	»	»	»	»					111 25	114 75
Solde net	1.499 25	1.539 55	1.615 20	1.741 »	1.505 90	1.637 55	1.747 50	942 55	1.062 55	1.296 55					782 30	1.596 85
Soldes créditeurs																
Au delà G. V.	»	»	0 50	0 50	0 50	»	»	»	»	»	»	Trafic intérieur 0 25 — direct 0 25	0 50	0 50		
Au delà P. V.	1 »	0 50	»	»	»	»	»	»	»	»	»	Trafic intérieur 0 25 — direct 0 50	8 75	8 75		
Rembours. encaissés en P° au 1er et 15 du mouvement	»	»	»	»	»	»	»	»	»	»	»	Trafic intérieur 50 » — direct 50 »	110 »	110 »		
Totaux des soldes créditeurs	1 »	0 50	0 50	0 50	0 50	»	»	»	»	»	»				111 25	111 25

Livre V

DÉBIT

1re Décade du mois de mai 1927. — *Gestion de M*

Mod. 403.

DÉSIGNATION DES COMPTES	1	2	3	4	5	6	7	8	9	10	11	TOTAL de la décade	REPORT décade précédente	TOTAL depuis le 1er	PÉRIODE complémentaire	TOTAL général du mois
Voyageurs fixes	24 35	67 65	60 00	42 40	75 85	66 80	47 64	8 C.	71 65	79 60		449 20				
— phase part.	1 25	19 45	»	40 14	13 44	59 34	»	42 40	15 50	14 65		242 56				
Perceptions supplém.																
Billets délivrés aux arrêts																
Billets de chiens	»	»	2 05	»	2 »	»	7 10	»	»	1 20		3 20				
Bagages et chiens	»	»	2 05	»	»	»	7 50	»	»	»		9 55				
Ports payés G. V. s. int.	»	»	»	2 50	»	»	»	»	»	»		7 50				
Ports payés P. V. s. int.	»	»	»	»	5 »	»	»	6 10	»	»		11 50				
Ports dus G. V. s. int.	»	»	5 50	»	»	»	»	»	»	20 »		25 50				
Ports dus P. V. s. int.	»	»	»	»	»	»	24 70	»	»	»		24 70				
Remboursements à encaisser	»	»	»	»	»	»	130 »	»	»	75 »		210 »				
Régist. Consigne	»	»	1 »	»	»	»	»	»	»	»		1 »				
— fds s. divers	»	»	»	»	»	2 20	»	»	»	»		2 05				
— PV villvar	»	»	»	»	»	»	»	»	»	»		»				
Timbres quittance	»	»	»	»	»	0 50	»	»	»	»		0 50				
Factage. Produit net d'office postaux	»	»	»	0 50	»	»	»	»	»	»		0 50				
Amendes à différents titres	»	»	»	»	»	»	»	»	»	»						
Dépenses privées	»	»	»	»	»	»	»	»	»	»						
Débours net de publicité	»	»	»	»	100 »	»	»	»	»	»		200 »				
Bulletins postaux, vignettes, etc.																
Souscription souscrite Entrée de la Cie	»	»	»	»	»	»	»	»	»	800 »		200 »				
Obligations reçues																
Recette compl. Ports dus G.S.	»	2 50	4 »	»	»	»	»	»	»	»	»	3 50			»	3 50
Ports dus P.V.	»	»	8 50	»	»	»	»	»	»	»	»				»	9 50
Remboursement à encaisser	»	»	225 »	»	»	»	»	»	»	»	»				»	225 »
Rectifications de l'Administr. Centrale																
Contrôle commun	»	»	11 35	200 »	5 »	» »	11 95	155 »	50 »	50 »		506 70				
Contrôle commun, période complémentaire	»	5 35	162 »	»	»	»	»	»	»	»	»	167 35			»	»
Totaux des débits	28 66	90 25	497 70	285 55	41 49	163 70	52 64	355 25	85 55	742 65		3 351 85		105 55		
Solde net antérieur	1 225 55	1 284 90	1 140 90	1 837 60	1 553 65	1 644 65	490 10	1 183 70	1 864 70	1 689 25		1 500 95				
Totaux	1 255 15	1 341 15	1 608 60	2 322 15	1 594 65	1 808 »	1 184 70	1 856 95	1 890 35	2 332 70		3 775 50				
Report des crédits	0 25	0 25	1 »	808 50	980 »	»	»	92 25	260 »	5 »		1 428 »				
SOLDE NET	1 254 90	1 340 90	1 637 60	1 602 65	1 614 65	1 699 10	1 484 70	1 804 70	1 639 35	2 347 70		2 347 50				

CRÉDIT

1re Décade du mois de mai 1927. — *Gestion de M.*

DÉSIGNATION DES COMPTES	1	2	3	4	5	6	7	8	9	10	11	TOTAL de la décade	REPORT décade précédente	TOTAL depuis le 1er	PÉRIODE complémentaire	TOTAL général du mois
Numéraire et mandats envoyés à la Caisse centrale à Paris	»	»	»	200 »	»	»	»	»	»	»		200 »				
Comptes courants	»	»	»	»	»	»	»	77 25	»	»		77 25				
Débours G. V. S. int.	»	»	»	»	»	»	»	»	»	»		5 50				
Débours P. V. S. int.	»	»	»	»	6 20	»	»	»	»	»		5 50				
Au delà G. V. S. int.	»	»	0 20	»	»	»	»	»	»	»		0 50				
Au delà P. V. S. int.	»	»	»	»	»	»	»	»	»	»						
Remboursements amortis	»	»	»	»	500 »	»	»	»	450 »	»		620 »				
Dépêches privées																
Période complémentaire — Au delà G. V.	»	0 25	»	»	»	»	»	»	»	»					0 15	»
— Au delà P. V.	»	»	0 25	»	»	»	»	»	»	»					0 25	»
— fds courriers extra	»	»	»	50 »	»	»	»	»	»	»					60 »	»
Rectifications de l'Admistr. Centrale. Contrôle commun	»	»	0 25	»	300 50	»	»	5 »	860 »	5 »		5 »				
Contrôle commun, période complémentaire	0 25	»	»	0 50	50 »	»	»	»	»	»		»			50 75	
Totaux du crédit	0 25	0 75	1 »	350 50	980 »	»	»	82 25	260 »	5 »		1 428 »			111 25	
Soldes débiteurs																
Ports dus G. V.	20 »	8 75	42 50	19 »	33 75	»	»	9 50	12 »	87 »						
Ports dus P. V.	20 »	20 »	41 60	20 »	20 »	»	»	»	»	»						
Remboursements à encaisser	»	»	225 »	»	»	»	»	275 »	200 »	710 »						
Mandats R.	»	»	»	»	»	»	»	»	50 »	50 »						
Documents de publicité																
Bulletins postaux, vignettes, etc.	791 15	791 15	791 15	791 15	248 20	888 20	848 20	848 15	848 15	848 15						
Timbres																
Fonds de roulement																
Solde de caisse	430 15	515 25	607 15	1 086 15	257 75	196 »	188 60	541 60	366 15	410 60						
Obligations de la Cie	5 »	5 »	5 »	5 »	5 »	5 »	5 »	5 »	5 »	5 »						
Solde des rectifications s. int.	3 »	5 »	3 »	5 »	5 »	5 »	5 »	5 »	5 »	»						
Solde des rectifications Contrôle commun																
Totaux	1 254 90	1 340 15	1 636 60	1 602 40	1 614 40	1 065 10	1 484 70	1 804 70	1 639 10	2 347 70						
Report des soldes créditeurs	»	0 25	1 »	0 75	0 75	»	»	»	»	»						
ÉGAL NET	1 254 90	1 340 90	1 637 60	1 621 65	1 614 65	1 065 10	1 484 70	1 804 70	1 639 35	2 347 70						
Soldes créditeurs																
Période complémentaire — Au delà G. V.	»	0 25	0 75	0 50	0 50	»	»	»	»	»						
— Au delà P. V.	»	»	0 50	0 25	0 25	»	»	»	»	»						
Remboursement (masse bics de la Cie 10 du mouvement)																
Totaux des soldes créditeurs	»	0 25	1 »	0 75	6 27	»	»	»	»	»						

Livre V

Mod. **403.**

DÉSIGNATION DES COMPTES	1	2	3	4	5	6	7	8	9	10	11	TOTAL de la décade	REPORT décade précédente	TOTAL depuis le 1ᵉʳ	PÉRIODE complémentaire	TOTAL général du mois
Voyageurs flacs	60 75												419 23			
— poste-pari.	14 25												242 55			
Perceptions supplém.																
Billets délivrés aux arrêts																
Billets de chiens	»												3 99			
Bagages et chiens	»												6 55			
Ports payés G. V. S. int.	»												3 58			
Ports payés P. V. S. int.	»												11 55			
Ports dus G. V. S. int.	»												25 55			
Ports dus P. V. S. int.	»												26 72			
Remboursements à encaisser	»												240 »			
Bagages — Consigne	»												1 »			
— Gr. vitesse	»												2 50			
— Pe vitesse	»												»			
Timbres-quittance	9 55												9 50			
Factage — Camionst médit gagnant	»												6 50			
Recettes à différer	»															
Dépêches privées	»															
Subventions de publicité	»												200 »			
Matériel postal. Vignettes, etc.	»															
Sous-répartiteurs non réglés — Entrées de la C.	»												500 »			
Obligations reçues	»															
Trésor complémentaire — Ports dus S. I.								»	»	»	»			»	»	»
— Ports dus P. I.																
— Remboursements à encaisser																
Rectifications de l'Administr. Centrale	»															
Contrôle commun	»												392 76			
Contrôle commun, période complémentaire	»											»	»	»	»	»
Totaux des débits	75 25												2.274 85			
Solde net antérieur	2.547 70															
Totaux	2.672 95															
Report des crédits	680 »															
SOLDE NET	1.922 95															

DÉSIGNATION DES COMPTES	1	2	3	4	5	6	7	8	9	10	11	TOTAL de la décade	REPORT décade précédente	TOTAL depuis le 1ᵉʳ	PÉRIODE complémentaire	TOTAL général du mois
Numéraire et mandats envoyés à la Caisse centrale à Paris	600 »												300 »			
Comptes courants	»												27 25			
Débours G. V. S. int.	»												6 55			
Débours P. V. S. int.	»												»			
Au delà G. V. S. int.	»												6 40			
Au delà P. V. S. int.	»												»			
Remboursements amortis	»												600 »			
Dépêches privées	»												»			
Trésor complémentaire — Au delà G. V.	»							»	»	»	»		»			»
— Au delà P. V.	»												»			
— Remboursements amortis	»												»			
Rectifications de l'Administr. Centrale	»												5 »			
Contrôle commun	»												456 75			
Contrôle commun, période complémentaire	»												»			
TOTAL du crédit	600 »												435 »			»
Soldes débiteurs																
Ports dus G. V.	»															
Ports dus P. V.	25 »															
Remboursements à encaisser	»															
Mandats R.	25 »															
Paiements de publicité	»															
Bulletins postaux, vignettes, etc.	200 75															
Timbres	»															
Fonds de roulement	»															
Solde de caisse	252 85															
Obligations de la Cie	200 »															
Solde des rectifications à. Int.	»															
Solde des rectifications Contrôle commun	»															
Totaux	1.922 95															
Report des soldes créditeurs	»															
SOLDE NET	1.922 95															
Soldes créditeurs																
Justification du solde — Au delà G. V.	»															
— Au delà P. V.	»															
— Remboursements amortis du 1ᵉʳ au 10 du mois suivant	»															
Totaux des soldes créditeurs	»															

SITUATION ANNEXE

Relevé journalier des éléments de la liquidation annexe destinée au Contrôle commun

Gestion de M. _______________________

Mois d'avril 1927.

Débit

	1	2	3	4	5	6	7	8	9	10	TOTAL de la pé. et se complém.	TOTAL de la 1ʳᵉ décade	11	12	13
Messagerie — Expéditions en port payé		2 50										2 50			
Messagerie — Arrivages en port dû			2	6 75								3 50		7 50	
Messagerie — Remboursements reçus					100							100			
Colis postaux — Taxes perçues au départ			2 40									2 40			
Colis postaux — Droit de timbre et statistique perçu à l'Arrivée															
Colis postaux — Mandats II reçus de l'Usager														10	
Colis agricoles															
Petite Vitesse — Expéditions en port payé				12 20	8 25							8 25			
Petite Vitesse — Arrivages en port dû				360								72 20			
Petite Vitesse — Remboursements reçus												3 40			
Rectifications — Messageries												1 50			
Rectifications — Colis postaux												1 50			
Rectifications — Petite Vitesse															
Total du débit à reporter sur la situation générale		2 50	5 40	6 50	107 20	8 25				3 50		411 50		27 50	
Période complémentaire — Ports des G.V.															
Période complémentaire — Ports de ... P.V.															
Période complémentaire — Remboursements ... G.V.															
Période complémentaire — Remboursements ... P.V.															
Total de la période complémentaire à reporter sur la situation générale															

Crédit

	1	2	3	4	5	6	7	8	9	10			11	12	13
Messagerie — Déboursés															
Messagerie — Au débit			8 25	2 50								3 50			
Messagerie — Remboursements payés en numéraire												2 35			
Colis postaux — Mandats II payés														25	
Colis postaux — Mandats et sommes aux expédiés															
Petite Vitesse — Déboursés															
Petite Vitesse — Au débit															
Petite Vitesse — Remboursements payés non mandés														75	
Rectifications — Messageries															
Rectifications — Colis postaux															
Rectifications — Petite Vitesse															
Surtaxes remboursées — Grande Vitesse														8 65	
Surtaxes remboursées — Petite Vitesse															
Transports à régler — Messageries															
Transports à régler — Petite Vitesse															
Total du crédit à reporter sur la situation générale			8 75	2 50								8 12		8 65	809
Période complémentaire — Au débit G.V.															
Période complémentaire — Au débit P.V.															
Période complémentaire — Remboursements payés au numéraire G.V.															
Période complémentaire — Remboursements payés au numéraire P.V.															
Total de la période complémentaire à reporter sur la situation générale															

Livre V

(Suite — colonnes 14 à 31 + totaux du mois)

	14	15	16	17	18	19	20	TOTAL des deux décades	21	22	23	24	25	26	27	28	29	30	31	TOTAL du mois	Période antérieure	TOTAL définitif du mois
Messagerie — Expéditions en port payé		2 25						4 75							2 50					4 75		4 75
Messagerie — Arrivages en port dû				10				17												50	5 25	28 25
Messagerie — Remboursements reçus								100												150	25	175
Colis postaux — Taxes perçues au départ				2				5 30												1 10		4 40
Colis postaux — Droit de timbre perçu à l'Arrivée	0 40							9 80												8 80		9 80
Colis postaux — Mandats II reçus de l'Usager								20												50		50
Colis agricoles											2 20							1 25		8 40		8 40
Petite Vitesse — Expéditions en port payé		18 50						19 75												20 75		20 75
Petite Vitesse — Arrivages en port dû				100	5 50			10												26	12	26 75
Petite Vitesse — Remboursements reçus								400												400	125	525
Rectifications — Messageries								1 50												1 50		1 50
Total du débit à reporter	0 50	2 75		18 50	102	5 50	681 20		8 50		1 25				8 50					701 50	707 50	570 84
Messagerie — Au débit								8 25							7 50					4 25	8 25	4 50
Messagerie — Remboursements payés en numéraire								6 25												4 25	4 25	4 50
Colis postaux — Mandats II payés								35				10								85	50	185
Colis postaux — Mandats et sommes aux expédiés				35																35		35
Petite Vitesse — Au débit			8 95	5 35		0 50		2 50												8 80		5 30
Petite Vitesse — Remboursements payés non mandés								0 50												9 50	4 50	1
Rectifications — Colis postaux								15												15		75
Surtaxes remboursées — Grande Vitesse								8 65												8 65		8 65
Total du crédit à reporter			8 95	2 35		0 50	115 20	35			60		4 50							304 70	50 73	957 45

Livre V

Relevé journalier des éléments de la liquidation annexe destinée au Contrôle commun

Gestion de M_____

Mois de mai 1927.

Débit	1	2	3	4	5	6	7	8	9	10	TOTAL de la période complém.	TOTAL de la 1re décade	11	12	13
Messagerie — Expéditions en port payé			» 75		5 »		2 80					7 80			
Messagerie — Arrivages en port dû										25 »		8 25			
Messagerie — Remboursements reçus												25 »			
Colis postaux — Taxes perçues au départ			3 50									3 50			
Colis postaux — Droit de timbre et statistique perçus à l'arrivée									30 »			30 »			
Colis postaux — Mandats H reçus de l'Étranger															
Colis agricoles															
Petite Vitesse — Expéditions en port payé							12 15					12 15			
Petite Vitesse — Arrivages en port dû							»	15 »	12 »			27 »			
Petite Vitesse — Remboursements reçus								139 »	31 »			470 »			
Rectifications — Messagerie															
Rectifications — Colis postaux															
Rectifications — Petite Vitesse															
Total du débit à reporter sur la situation générale			11 75		»		11 95	154 »	56 »	57 »		490 70			
Période complémentaire — Ports plus G. V.		1 20									5 20				
Période complémentaire — Ports dûs P. V.			77 »								14 »				
Période complémentaire — Remboursement reçus G. V.			175 »								420 »				
Période complémentaire — Remboursements reçus P. V.															
Total de la période complémentaire à reporter sur la situation générale		5 25	462 »								107 25				

Crédit	1	2	3	4	5	6	7	8	9	10	TOTAL de la période complém.	TOTAL de la 1re décade	11	12	13
Messagerie — Débours					3 30							3 30			
Messagerie — Au delà			» 25									» 25			
Messagerie — Remboursements payés ou annulés					135 »							135 »			
Colis postaux — Mandats H payés															
Colis postaux — Mandats H annulés ou réexpédiés															
Petite Vitesse — Débours												5 »			
Petite Vitesse — Au delà															
Petite Vitesse — Remboursements payés ou annulés					125 »			169 »				233 »			
Rectifications — Messagerie															
Rectifications — Colis postaux															
Rectifications — Petite Vitesse															
Surtaxes remboursées — Grande Vitesse															
Surtaxes remboursées — Petite Vitesse															
Transports à régler — Messagerie															
Transports à régler — Petite Vitesse															
Total du crédit à reporter sur la situation générale			» 25		268 50			5 »	169 »			408 75			
Période complémentaire — Au delà G. V.	» 75										0 95				
Période complémentaire — Au delà P. V.			»	» 50							9 50				
Période complémentaire — Remboursements payés ou annulés G. V.															
Période complémentaire — Remboursements payés ou annulés P. V.				»	30 »						30 »				
Total de la période complémentaire à reporter sur la situation générale	» 75		» 50	50 »							50 75				

14	15	16	17	18	19	20	TOTAL des jours écoulés	21	22	23	24	25	26	27	28	29	30	31	TOTAL du mois	(décompte de la période complém.)	TOTAL général du mois